呪術講座

入門編

加門七海
Nanami Kamon

角川書店

安倍晴明公肖像（阿倍王子神社蔵）

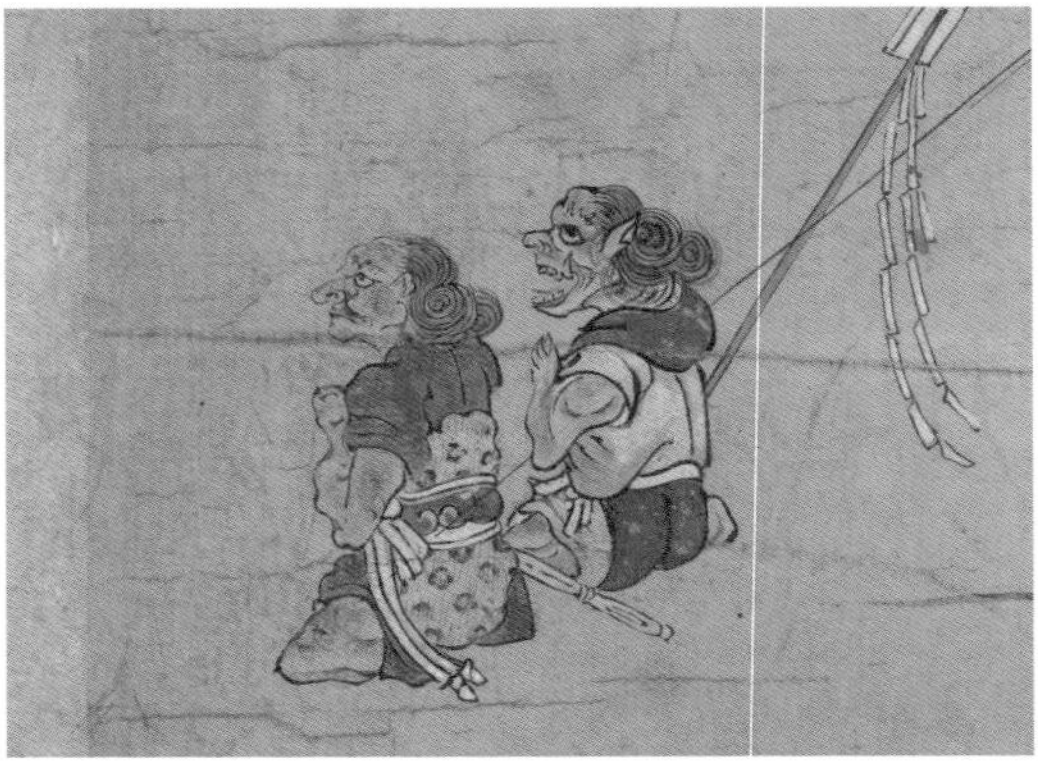

『泣不動縁起』（奈良国立博物館所蔵）
下段は部分

呪術講座

入門編

はじめに

呪術《じゅじゅつ》・マジナイについてお話しさせていただきます。

あまり専門的かつ学術的な話はしませんので、堅苦しくならずに楽しんで頂ければと思っています。


はじめにお断りしておきますが、本書では呪《のろ》いやマジナイについての科学的、心理学的な検証は致しません。あるなし論も致しません。

呪いやマジナイには効力がある、占いは当たる、幽霊や生き霊、神仏・妖怪《ようかい》は存在する――そういうスタンスで話を進めます。ご了承ください。

また、神社やお寺の加持祈禱《かじきとう》など、プロの作法についてもほとんど触れないと思います。

民間に伝わるもの、身近にあるものの呪術的な意味やマジナイを中心に取り上げるつもりです。

それらの考え方や意識の持ちようを知ることで、もう少し身近に、そして何かのときに使えるようにするのが目的です。

ちなみにご存じのとおり、私は研究者でもなければ、呪術師でもありません。本来、何かを教える立場ではないので、わかりづらい話になってしまうときもあると思います。

ただ、ずっと好きで勉強してきたその中で、色んな本の中にあったこと、あるいは現場で見聞きして、自分なりに考えたことを語ります。

従って間違いもあるかもしれません……というと、逃げになりますが、実際、ひとつの呪術の解釈、その実践的な方法って、何種類もあるんですよ。正解がないと言ってもいい。

なぜかというと、用いる側の能力や心持ちによって、十の手間のかかるものを十五の手順を踏むことで万全とする人もいれば、私は三で充分、私は五でできる、いや、十は十だろ、と主張する人達がいるからです。

どちらが優れているということは一概に言えるものではありません。優れているか否かは、結果次第です。

宗派や属するグループによっても、考え方や方法は変わります。同じ名前を冠した術でも、効能や作法が異なったりします。

私がどこかの宗派や流派に所属している人ならば、確信をもってひとつの方法を口にすることができるのですが、生憎《あいにく》、どこにも所属はしていないので、資料を前に考え込んでしまうこともしばしばです。

「九字切り」はその典型ですね。

結ぶ印にも種類がありますし、一般に知られている「臨《りん》・兵《ぴょう》・闘《とう》・者《しゃ》・皆《かい》・陣《じん》・列《れつ》・在《ざい》・前《ぜん》」の呪文にもバリエーションがあります。よく知られる四縦《しじゅう》五横《ごおう》……格子状に空間を切る以外にも、様々な切り方があります。

種類がある理由のひとつは、ある用途に特化した結果、この場面ではこの方法が有効だと思った人がいたためです。

もうひとつの理由は、ほかのグループと差をつけるため、わざと作法や解釈を変えて独自性を出すという、政治的な思惑が絡んだ話だったりします。

伝わっていく途中で、聞き間違いや書き間違い、慣用などで変わってしまうときもある。

呪文もそう。呪符もそうです。

一般に定着しているものも、資料によって微妙に変化しています。

たとえば、よく真言や陀羅尼《だらに》の最後についている「ソワカ」も「ソバカ」と読むときがありますし、漢字だと「蘇婆訶」「薩婆訶」などの差異がありますね。

もともとのサンスクリット語では、円満・成就の意味を持つ「svāhā」、音にするとスヴァーハーという感じですか、それが中国で音写されて日本に伝わり……要するに訛《なま》ってしまったんです。

しかし、それでも力があると見做《みな》されるのが面白い。

要は結果が出ればいい。そういう世界だと思ってください。

呪術は……儀式的なものはともかく、一般人が個人でやる呪術は、そんなに難度は高くありません。もちろん特殊な道具や材料が必要だったり、面倒なことはありますが、難しいとは違います。

でも、簡単な方法でも、効果を実感するまでに至れるかというと、かなり厳しい。

逆に、使う気になれば、道具なんかなくてもできる。

つまりは道具があってもできない、道具なんかなくてもできる。

なので、私の話が実用的になるか、ただの蘊蓄《うんちく》で終わるかは使う側——皆さん次第です。

目次

第一章

人生の中での呪術の立ち位置を考えてみる

てるてる坊主の周辺

○呪術＝兕（まじない）とは

まず基本の基本ですが、

「ノロイ」「マジナイ」＝「兕」

ノロイとマジナイは漢字で書くと、同じ「兕」という字になります。

なので「呪術」も読みを変えれば「マジナイ術」。一気に軽くなりますね。

呪術という言葉自体に善悪はありません。人を不幸にする方法もあれば、幸せにする方法もあるのが呪術です。

とはいえ、呪術の定義は何かと問われると、かなり答えづらい問題になります。

近代以降の定義では、超自然的存在や神秘的な力の助けを借りること、またはそれらをコントロールして不思議な効果を得る方法が呪術とされました。

しかし、呪術すべてのバックに、しっかりと名のある神仏がいるとすると、齟齬《そご》を来《きた》します。

人の思いや行動によって物事や運命を動かして、変化させようとするのは確かですが、座ることも呪術になる、タバコを吸うのも呪術に使えるとなれば、一般定義を超えたものになっていくでしょう。

いわば生活すべてが、見方ひとつで呪術・マジナイになると言っていい。

なので、ここでは呪術もマジナイも、厳密な定義や区別はしません。

専門的な話は学術の範囲となりますので、ご興味のある方は勉強してください。

◯占いと呪術

さて。呪術的な手続きをする前にはもうひとつ、占いという手順が挟み込まれる場合があります。

まず希望することがあり、叶《かな》うかどうかを占うのです。つまり調査をするわけですね。

そして願いが叶い難いとなった場合、呪術・マジナイに頼ります。

たとえば、週末に出かけるから晴れてほしいと思ったとき、今なら、まず天気予報を見ますよね。この場合の天気予報、古代の人にとっては託宣《たくせん》と同じ意味を持ちます。

この託宣がない、または全国に届かなかった時代には、各地に天気を知る知恵がありました。観天望気《かんてんぼうき》と言いますが、目当てにする山が雲で隠れたら、明日は雨だ、などと判断するのです。

どちらにせよ、予報が雨と出たとしましょう。

そのときに諦《あきら》めず、絶対に晴れてほしいとなったとき、どうするか。

「じゃあ、てるてる坊主を吊《つる》しましょうか」——ここからがマジナイとなるわけです。

てるてる坊主も立派な呪術なんですよ。呪術は案外、身近に存在するんです。

童謡『てるてる坊主』の歌詞を見てみましょう。

てるてる坊主　てる坊主　あした天気に　しておくれ
いつかの夢の　空のよに　晴れたら金の鈴あげよ

てるてる坊主　てる坊主　あした天気に　しておくれ
私の願を　聞いたなら　あまいお酒を　たんと飲ましょ

てるてる坊主　てる坊主　あした天気に　しておくれ

それでも曇って　泣いたなら　そなたの首を　チョンと切るぞ

「晴れたら金の鈴あげよ」「私の願を聞いたなら　あまいお酒をたんと飲ましょ」「それでも曇って　泣いたなら　そなたの首を　チョンと切るぞ」

この部分がマジナイとなります。

『てるてる坊主』の詞を作った人は、小説家であり、俳人、大学教授でもあった浅原六朗《あさはらろくろう》という方です。ゆえに歌われている作法が本当にあるのかどうか、作者のオリジナルなのかは不明です。

しかし、願望が成就したときの褒美、不成功に終わったときの懲罰が、ここでははっきり歌われています。

歌詞は人ならぬモノとの一種の契約をも歌っていますね。

呪術の世界ではよく見られます。

歌の中、てるてる坊主は魂を持つものとして語られます。呪術師が作り出し、使役する存在としてもいい。式神に似ていると言ってもいいでしょう。

てるてる坊主の起源は、中国の「掃晴娘《そうせいじょう》」という箒《ほうき》を持った紙人形にあるそうです。

由来には、こんな話が伝わっています。

――昔、大雨が降り続いたとき、晴娘という娘が天に祈ったところ、「東海龍王《とうかいりゆうおう》の太子の妃《きさき》になれ」という声が聞こえました。

娘がそれを承諾すると雨は止みましたが、娘の姿は消えていました。

以来、人々は雨が続くと、切り紙で作った「掃晴娘」を門に掛け、晴れを祈るようになったとされています……。

典型的な人身御供《ひとみごくう》の話です。

この起源が、今のてるてる坊主にも通じているというのなら、褒美を約束したり、首を切ると脅しているものは、人身御供となった娘の霊魂、さらには龍王太子の妻という、神に近い存在となります。

○箒の呪力

「掃晴娘」の掃は掃除の掃。掃晴娘は箒を持った女性の姿とされています。

箒を持つのは、雲を払うためとも、晴れを掃き寄せるためとも言われるようですが、箒もひとつの呪具なんですね。

古い言葉ではハハキと言い、ハハキ神という神にもなった道具です。主に出産を助ける神様で、また、神の依《よ》り代《しろ》ともされました。

払う・集めるという道具としての機能が、そのまま神の力とされたわけです。箒は女性の扱う呪具であるとされたため、娘に持たせるにもうってつけです。西洋の魔女が箒に乗るのも、根底にある理由は同じなのかもしれません。

ちなみに既婚女性を指す「婦人」の「婦」も女偏と、箒を意味する「帚」で構成されています。この文字も、もともとは女性とハハキという神の依り代を表して、巫女《みこ》的な存在を示す文字だったという説があります。

箒を逆さまに立てるという、マジナイをご存じでしょうか。

年配の方は知っているかもしれませんが、これは「お客さんが早く帰りますように」という呪術です。

家に来たお客さんが、なかなか腰を上げてくれない。もう夕飯の支度をしなくちゃならないのに……この人、うちでご飯食べていくつもりなのかしら？　でも、帰れとも言えないし。

こんなとき、客から見えない場所に箒を逆さに立て、その上に手拭《てぬぐ》いを被《かぶ》せます。すると、客は早々に腰を上げるとされています。

実際にやってみると、人が手拭いを被っているようで、ちょっと怖い感じになります。

これは「逆さ箒」と呼ばれるマジナイですね。

◯成木責め

ともあれ「掃晴娘」の人形が平安時代に日本に伝わり、形を変えて、今のてるてる坊主になりました。

そして、てるてる坊主に願いをかける童謡は、そのまま呪文として使えます。

やり方は簡単。

この歌詞をてるてる坊主に向かって「口に出して」唱えること。または歌を「歌う」ことです。

言葉の呪力については改めて語りますが、いずれにせよ、子供がよく作るてるてる坊主の背景には、本格的な呪術作法が潜んでいるということです。

そのため、歌を呪文として唱えた場合、願いが叶ったあかつきには甘い酒と金の鈴を与えて、てるてる坊主を労《ねぎら》わねばなりません。

もしも、それを怠って、何もせずに捨ててしまうと、てるてる坊主はあっという間に祟《たた》りを為《な》すモノと化してしまいます。

てるてる坊主には、そういう危険がある。だからこそ、逆に言うならば、てるてる坊主を使ったマジナイ、晴れ乞《ご》いは、あくまで遊びの範囲でやるべきだし、歌とてるてる坊主は切り離しておいたほうが無難ということになります。

こういう書き方をすると、怖くなる人もいるかもしれません。

でも、てるてる坊主同様、対象を脅して成果を得るマジナイは全国にあるんですよ。

一例として「成木責《なりきぜ》め」を紹介しましょう。

成木責めは、柿などの実がよく稔《みの》るように祈る小正月の行事です。

小正月とは、正月の一連の行事などが終わるときで、一月十五日前後を指します。

この日、家の主人が手斧《ちような》を持って、柿の木に向かって切りつける仕草をしながら「生《な》るか、生らぬか」と問いかけます。木の陰には家族が隠れていまして、柿になりかわって「生ります、生ります」と返事をします。

子供の遊びのようですが、これが成木責めのマジナイです。

木を脅して、秋の稔りを誓わせるのですね。木の陰から答えを返す家族は、木霊《こだま》の口寄せをしているとも、尸童《よりまし》になっているとも解釈できます。古いタイプの民俗宗教の形を留《とど》めているとも言えるでしょう。

この場合、金の鈴やお酒など、実が生ったときのご褒美は約束されていませんが、日頃から手入れをしていることが前提なので、いきなり他人に向かって脅すような感じではないのだと思います。

ヒトガタの呪術

○丑の刻参り

てるてる坊主から派生して、人の形をしたものについてお話ししましょう。

ノロイというと、まず出てくるのが丑《うし》の刻参《こくまい》りの藁人形《わらにんぎょう》ですね。

まあ、この辺りは飽きた話題かもしれませんが、一応、きちんと語っておきます。

白装束を着て、髪を振り乱し、顔に白粉《おしろい》を塗り、頭に五徳《ごとく》――五徳とは、囲炉裏や火鉢に鍋《なべ》などをかけるための三本脚の台で、鉄でできたものです。鉄輪《かなわ》とも言いますね――その五徳の脚を上にして頭に被り、そこに三本の蠟燭《ろうそく》を立てます。そして首から鏡を下げて、神社の御神木に向かい、憎い相手に見立てた藁人形を、毎夜、五寸釘《ごすんくぎ》で打ちつけるのです。

日数は大体二週間、十四日間とされています。時間は午前二時過ぎ、即《すなわ》ち丑の刻ですね。この間、人に見られてはいけません。

丑時参　鳥山石燕画『今昔画図続百鬼』（九州大学附属図書館所蔵）部分

これが丑の刻参りです。

姿恰好《かっこう》にも意味があります。

白装束（死装束）は自分は常の世にいるものではないよ、というひとつの決意表明です。

髪を下ろす。昔は髪を結うのが普通だったので、これも非日常的な姿。普段は髪を結うことで、社会人としての規範に則《のっと》って生きる。その髪を下ろすのは、社会一般の道徳や規範から逸脱することを表します。

顔に白粉。死人の顔色、または呪的防御（アーマー）としての化粧。

頭に五徳。逆さに被ることで天地を逆にする。蠟燭を立てるのも、本来、五徳の下にあるべき囲炉裏などの火を上に持ってくることです。逆さまにするのもまた非日常で、さきほどの逆さ箒と同じです。

つまり、通常の世界と逆、普通の状態ではないことをかなりしつこく表現して、拡大解釈的に行為者が人ではないことを示すのです。そして、負の力を宿します。

首から鏡を下げる行為は、解釈が少し難しい。

鏡は普通は魔除《まよ》けになるので、もしかすると自分にノロイが跳ね返ってこないために用いるのかもしれません。

藁人形には相手の髪の毛を入れるという話もありますが、近年では人形のほか、写真を使うケースもありますね。

スマホの画面をペンでつつき続けても、効果があると言う人もいます。

まあ、色々語れるのですが、正直に言うと、これらの作法は呪う側がその気になるための方法です。本気になれば、人形も髪の毛も写真もいりません。

遊び半分で人形に釘を打ちつけるより、何もなくとも、ずーっと相手に怨念《おんねん》を送るほうが効くと思いませんか？

実際、そんなものです。アイテムはその念を増幅するために使うのです。

でもこれ、やったことで気が済んでしまう場合もあるんですよ。

念入りに道具を揃えて支度して、時間を決めて現場に足を運んで……と、段取りに熱中して、恨みの念が希薄になってしまう。

でも、本人が満足すれば構いません。それもまた、浄化の一手段でしょう。

丑の刻参りは一種の儀式と言えますが、こういった非日常的な手順を踏むのは、トランスに入る方法でもあります。

先程も言いましたが、数々の道具は「その気」にさせるアイテムです。格好良く言うなら、増幅アイテムというやつですか。自己暗示で集中しやすくなります。

また、丑の刻参りのように伝統的な作法に則ると、過去の積み重ねがあるので、その安心感からも没頭しやすくなります。

しかし、途中で挫折《ざせつ》したり、人に見られたりした場合は「返し」が来ます。それもまた過去に語られているので、行為者には重々しく迫ってくることになるでしょう。

○ヒトガタでの祓い

藁人形はお祓《はら》いにも使われました。

夏越《なごし》の祓《はらえ》の紙のヒトガタは、昔は丑の刻参りと同じ藁人形を使っていました。両者は、人の形に分身を宿すという考えにおいて同じです。

だから、紙のヒトガタでも丑の刻参りに使えますし、藁人形も祓いに使えます。

夏越の祓は六月末日、主に神社で行われます。

自分の厄をヒトガタに移す基本的方法は以下となります。

ヒトガタに氏名、年齢または生年月日、性別を書き、体で具合の悪いところや気になる部分を撫《な》でます。そしてヒトガタに息を思い切り吹きかけます。

これ、神社によって若干方法が違うので、指示がある場合はそれに従ってください。

遮光器土偶（東京国立博物館所蔵）
出典：ColBase (https://colbase.nich.go.jp)

注意として、息を吹きかけたヒトガタを神社に納めるとき、他の人に触らせないようにしてください。

そこにはもう、あなたの穢《けが》れがついているので、他者に感染させてしまうおそれがあります。そしてお祓いののち、ヒトガタは神主さんが川に流します。

しかし現代では川に流すことは難しいので、神社によっては溶ける紙を使ったり、祓い清めて処分したりします。

ちなみに、このヒトガタの作法は、分身を作るものではありません。ノロイの藁人形は相手の分身ですが、これは違います。

祓いのヒトガタは分身ではなく、身代わりです。病気や厄を自分の肉体から取り出して、それだけを籠《こ》めるためのもの。自分に取り付いた罪や穢れ、病などをもたらす悪霊を自分に似たものに騙《だま》して移す「形代《かたしろ》」です。

祓いのヒトガタを分身としてしまうと、自分に穢れをつけ直すことになってしまいますよね。そこが丑の刻参りの藁人形とは違うところです。

使うものは同じでも、まさに意識ひとつの差で、異なる効果が生まれるのです。

ヒトガタ・人形のもうひとつの使い方は、壊すことで厄を祓う方法です。

わかりやすい例として、縄文時代の土偶があります。

土偶はほとんどが欠損して発掘されますが、それを厄払いの呪術と見るのが、現在、主流の解釈となっています。

本当のところは縄文人に訊《き》かないとわかりませんが、今はその前提で話を進めます。

病などを籠めるのは、夏越の祓のヒトガタと同じです。しかし、土偶の場合は割って解放します。病んだ身体の部分を壊すことで、痛みをもたらす悪鬼などをそこから解き放つ。抹殺ではなく、解放するのです。

厄や穢れを滅しないのが、日本的な方法です。

夏越の祓でも読み上げられる大祓《おおはらえ》の祝詞《のりと》を見てみましょう。

大祓の祝詞は資料によって異なりますが、ここはわかりやすく神社本庁の「大祓詞《おほはらへのことば》」を転載します。

高天原《たかまのはら》に神留《かむづま》り坐《ま》す　皇《すめらが》親《むつ》神漏岐《かむろぎ》　神漏美《かむろみ》の命《みこと》以《も》ちて　八百萬神等《やほよろづのかみたち》を神集《かむつど》へに集《つど》へ賜《たま》ひ　神議《かむはか》りに議《はか》り賜《たま》ひて　我《あ》が皇御孫命《すめみまのみこと》は　豊葦原《とよあしはらの》水穂國《みづほのくに》を安《やす》國《くに》と平《たひら》けく知《し》ろし食《め》せと　事依《ことよ》さし奉《まつ》りき　此《か》く依《よ》さし奉《まつ》りし國中《くぬち》に　荒《あら》振《ぶ》る神等《かみたち》をば　神問《かむと》はしに問《と》はし賜《たま》ひ　神掃《かむはら》ひに掃《はら》ひ賜《たま》ひて　語問《ことと》ひし磐《いは》根《ね》　樹根立《きねたち》　草《くさ》の片葉《かきは》をも語止《ことや》めて　天《あめ》の磐座放《いはくらはな》ち　天《あめ》の八重雲《やへぐも》を　伊頭《いづ》の千別《ちわ》きに千別《ちわ》きて　天降《あまくだ》し依《よ》さし奉《まつ》りき　此《か》く依《よ》さし奉《まつ》りし四方《よも》の國中《くになか》と　大倭日高見國《おほやまとひだかみのくに》を安國《やすくに》と定《さだ》め奉《まつ》りて　下《した》つ磐根《いはね》に宮柱太敷《みやばしらふとし》き立《た》て　高天《たかまの》原《はら》に千木高知《ちぎたかし》りて　皇御孫命《すめみまのみこと》の瑞《みづ》の御殿仕《みあらかつか》へ奉《まつ》りて　天《あめ》の御蔭《みかげ》　日《ひ》の御蔭《みかげ》と隱《かく》り坐《ま》して　安國《やすくに》と平《たひら》けく知《し》ろし食《め》さむ國中《くぬち》に成《な》り出《い》でむ天《あめ》の益人等《ますひとら》が過《あやま》ち犯《をか》しけむ種種《くさぐさ》の罪事《つみごと》は　天《あま》つ罪《つみ》　國《くに》つ罪《つみ》　許許太久《ここだく》の罪出《つみい》でむ　此《か》く出《い》でば　天《あま》つ宮事《みやごと》以《も》ちて　天《あま》つ金木《かなぎ》を本打《もとう》ち切《き》り　末打《すゑう》ち斷《た》ちて　千座《ちくら》の置座《おきくら》に置《お》き足《た》らはして　天《あま》つ菅麻《すがそ》を本刈《もとか》り斷《た》ち　末刈《すゑか》り切《き》りて　八針《やはり》に取《と》り辟《さ》きて　天《あま》つ祝詞《のりと》の太祝詞事《ふとのりとごと》を宣《の》れ

此《か》く宣《の》らば　天《あま》つ神《かみ》は天《あめ》の磐門《いはと》を押《お》し披《ひら》きて　天《あめ》の八重雲《やへぐも》を伊頭《いづ》の千別《ちわ》き

に千別《ちわ》きて　聞《き》こし食《め》さむ　國《くに》つ神《かみ》は高山《たかやま》の末《すゑ》　短山《ひきやま》の末《すゑ》に上《のぼ》り坐《ま》して高山《たかやま》の伊褒理《いぼり》　短山《ひきやま》の伊褒理《いぼり》を掻《か》き別《わ》けて聞《き》こし食《め》さむ　此《か》く聞《き》こし食《め》してば　罪《つみ》と云《い》ふ罪《つみ》は在《あ》らじと　科戸《しなど》の風《かぜ》の天《あめ》の八重雲《やへぐも》を吹《ふ》き放《はな》つ事《こと》の如《ごと》く朝《あした》の御霧《みぎり》　夕《ゆふべ》の御霧《みぎり》を　朝風《あさかぜ》　夕風《ゆふかぜ》の吹《ふ》き拂《はら》ふ事《こと》の如《ごと》く　大津邊《おほつべ》に居《を》る大《おほ》船《ふね》を　舳《へ》解《と》き放《はな》ち　艫《とも》解《と》き放《はな》ちて　大海原《おほうなばら》に押《お》し放《はな》つ事《こと》の如《ごと》く　彼方《をちかた》の繁《しげ》木《き》が本《もと》を　燒鎌《やきがま》の敏鎌《とがま》以《も》ちて　打《う》ち掃《はら》ふ事《こと》の如《ごと》く　遺《のこ》る罪《つみ》は在《あ》らじと　祓《はら》へ給《たま》ひ清《きよ》め給《たま》ふ事《こと》を　高山《たかやま》の末《すゑ》　短山《ひきやま》の末《すゑ》より　佐久那太理《さくなだり》に落《お》ち多岐《たぎ》つ速川《はやかは》の瀬《せ》に坐《ま》す瀬織津比賣《せおりつひめ》と云《い》ふ神《かみ》　大海原《おほうなばら》に持《も》ち出《い》でなむ　此《か》く持《も》ち出《い》で往《い》なば　荒潮《あらしほ》の潮《しほ》の八百道《やほぢ》の八潮道《やしほぢ》の潮《しほ》の八百會《やほあひ》に坐《ま》す速開都比賣《はやあきつひめ》と云《い》ふ神《かみ》　持《も》ち加加呑《かかの》みてむ　此《か》く加加呑《かかの》みてば　氣吹戸《いぶきど》に坐《ま》す氣吹戸主《いぶきどぬし》と云《い》ふ神《かみ》　根國《ねのくに》　底國《そこのくに》に氣吹《いぶ》き放《はな》ちてむ　此《か》く氣吹《いぶ》き放《はな》ちてば　根國《ねのくに》　底國《そこのくに》に坐《ま》す速佐須良比賣《はやさすらひめ》と云《い》ふ神《かみ》　持《も》ち佐須良《さすら》ひ失《うしな》ひてむ　此《か》く佐須良《さすら》ひ失《うしな》ひてば　罪《つみ》と云《い》ふ罪《つみ》は在《あ》らじと　祓《はら》へ給《たま》ひ清《きよ》め給《たま》ふ事《こと》を　天《あま》つ神《かみ》　國《くに》つ神《かみ》八百萬《やほよろづ》の神等《かみたち》共《とも》に　聞《き》こし食《め》せと白《まを》す

後半を見てみてください。最後、罪穢れはどうなるのか。

まず速川《はやかわ》の瀬《せ》にいる瀬織津比賣《せおりつひめ》という神が、罪穢れを大海原に持ち出します。次に海の中、潮が集まってくるところにいる速開都比賣《はやあきつひめ》という神が、それを「加加呑《かかの》」む――呑み込みます。そして呑み込んだ罪穢れを「氣吹戸《いぶきど》」、つまり息を吹くところにいる氣吹戸《いぶきど》主《ぬし》、呼吸を司《つかさど》る神が根の国、底の国に吹き払います。

根の国は普通、黄泉《よみ》の国と解釈されますが、この場合は黄泉の国という解釈と共に、海の彼方《かなた》、または海の底にある異界ととります。そこにいる速佐須良比賣《はやさすらひめ》という神が、罪穢れを「佐須良《さすら》ひ」なくします。

神社神道では、この「さすらう」という言葉は「摩擦」の「さつ」に近く、ちりぢりにして洗い流す、または研磨して穢れを削《そ》ぎ落とし、核にある物事の本分に立ち戻らせる意味があるとされています。

――おわかりになりましたでしょうか。

ちりぢりにするけど、滅しないんです。研いでも研ぎ屑《くず》は残りますよね。罪や穢れはそのうちにまた、集まり固まって悪さをする。そしてそれは自分の許《もと》に来るかもしれないし、他者を害するかもしれない。

この世から病や厄、不運自体はなくならない。不幸も世界から根絶することはできない。そういうことを日本人は感覚としてわかっていたんですね。

だから、ちりぢりにする。

悪さができないほど、小さなモノにして祓います。

土偶に籠められた病も、割って解放するだけです。

実際、そうやって逃げ場を作ったほうが呪術としても楽だし、結果も出やすいんですよ。向こうも納得しやすい。戦争はしない。

全国の村の辻《つじ》や境で行われる疫神《えきじん》送りも、消滅はしない。疫病神をもてなして、出ていってもらうことがほとんどです。

案外、平和なのですよ。

ゆえに土偶も、中に籠もったナニモノかを解放することで祓いとした、と考えられているのです。


京都には大将軍八神社《だいしょうぐんはちじんじゃ》という神社があります。

そこのご神像にほとんど完品がないというのも、土偶と同じ理由かもしれません。

大将軍八神社は北野《きたの》天満宮《てんまんぐう》の南、一条通《いちじょうどおり》に面した陰陽道《おんみょうどう》ゆかりの神社です。方除けの神社として信仰されています。

大将軍というのは陰陽道でいう星の神、吉凶を司る方位の神です。都の四方それぞれに祀《まつ》られておりまして、王城鎮護《おうじょうちんご》の神とされました。

一条通の大将軍八神社には百体近いご神像があるのですが、これらはバラバラで発見されて、無傷のものは一体のみだったと伝わっています。今、公開されている像は、修復後のものですね。

これらのご神像は明治時代に裏の藪《やぶ》の中から見つかった、または境内にある竹藪の洞窟《どうくつ》の中から発見されたと伝わっています。

明治時代の神仏分離令による廃仏棄釈《はいぶつきしやく》――寺院や仏像・経文などを破毀《はき》して仏教を廃するという、こういう運動があった中、神道の神ではない、陰陽道のご神像が捨てられないように隠されたものと考えられています。

でも、発見された当時、ご神像はバラバラになっていました。単に隠すというのとは、ちょっと違う気がします。

ご神像を破壊するのは、もしかすると、乱暴な御霊《みたま》抜きだったのかもしれません。土偶も同じかもしれない。

土偶がもし縄文人の神だったとするならば、単に捨てるわけにはいかなかったでしょう。中に籠もった魂を解放して、土を焼いただけの物質に戻す必要があったのではないでしょうか。

「壊す」と「壊れる」は異なります。

たとえば、大事なお皿が割れたとか、数珠《じゅず》の紐《ひも》が切れたというと、信心深い人は身代わりになってくれたと言いますね。

とはいえ、不安になるし、愛着のあるものなら悔しいでしょう。

でも、自分の意思で壊すというのは、かなり感覚が違います。なぜか爽快感《そうかい》があるんですよ。

私は一度、大きな植木鉢をゴミに出すため、割ったことがありますが、その時にも不思議な解放感がありました。

いくつかの社寺には「かわらけ投げ」というマジナイがあります。これは高いところから土器《かわらけ》を落として割ることで厄を落とすとされるものですが、多分、これも同じでしょう。

壊すことで解放された厄は大祓の祝詞どおり、ちりぢりになって消えていきます。

でも、いつか再び凝《こご》って甦《よみがえ》る。それでも、一度は手放すことが大事なのだと思います。

まあ、いろいろ言いましたが、人形は基本的には身代わり。丑の刻参りの藁人形も、対象の身代わりです。

身代わりと言えば、友引人形というものもありますね。

暦に記される「友引」の日に葬儀をすると、死者が縁者をつれていく、続けて死人が出るなどと言われます。そのため、基本的に友引の葬儀は避けるのですが、どうしても、その日に葬儀を出さねばならなくなってしまったとき、棺《ひつぎ》に人形を入れて身代わりにするのです。

友引人形には、誰かの魂を籠めるようなことはしません。人形そのものが、死者の周囲にいる不特定の人の身代わりなのです。

人に似ているからこそ、ヒトガタは多様な呪術に用いられます。

平安時代の遺跡から出土した木のヒトガタも、誰かに愛玩《あいがん》されている人形も同じ。人の形をしているからには、人の魂を宿しやすい。呪術の器になり得ます。

なので、それぞれ大切に扱って頂きたいと思います。

○呪術の定義

呪術は大きくふたつに分けられます。

「感染呪術」と「類感呪術」です。そしてふたつをまとめて「共感呪術」と称します。

この分類はジェイムズ・フレイザー（イギリスの社会人類学者）が提唱したもので、今は定説となっています。

「感染呪術」は丑の刻参りのヒトガタはじめ、相手の毛髪や爪、持ち物などを使う方法です。ヒトガタに記す本名や生年月日などの個人情報も、ヒトガタをその人の代替品にするためのアイテムとなります。

つまり、本体と本体から離れたものとのお互いの感応力を利用するのが「感染呪術」です。

「類感呪術」はちょっとわかりづらい。

「類感呪術」は似た性質を模倣するものと、利用して効果を期待するものがあります。

模倣の呪術は、たとえば子沢山の女性に種蒔《たねま》きをさせて沢山の作物が稔るように願ったり、太鼓で雷鳴を真似て降雨を祈願したりすることです。

似た性質を利用する呪術には、少し説明が必要でしょう。

一例を挙げます。

漫画『エコエコアザラク』です。

『エコエコアザラク』は一九七五年から『週刊少年チャンピオン』で連載されたホラー漫画です。作者は古賀新一《こがしんいち》氏。テレビドラマや映画にもなったので、ご存じの方も多いと思います。

『エコエコアザラク（1）』
ⓒ古賀新一（秋田書店）

後半はコメディタッチになるのですが、前半はかなり怖いです。タイトル自体も呪文の一部を使っています。今は電子書籍で読めますので、西洋の黒魔術に興味のある人は、是非、読んでみてください。

第一巻に「憎い先公には魔術をかけろ」という、ひどいタイトルの作品があります。

その冒頭、なぜかいきなり町に現れた暴れ牛を、主人公の黒井《くろい》ミサが呪術を使って止めるというシーンが出てきます。

牛と似た性質を持つとされる植物――この場合はイチジクをかざして、牛を大人しくさせるんですね。

黒井ミサはそれを「トロルドムの魔力」と言っています。「トロルドム」はそのまま「呪力」という意味です。当時、この言葉を冠した魔術書が出ていたので、作者はこれを参考にしたのでしょう。

この牛とイチジクの「類感」ですが、牛肉とイチジクの葉を一緒に煮ると、すぐに肉が柔らかくなる。ゆえに相性がいいと見て、イチジクの枝で牛を大人しくさせる。そんなふうに説明されています。

また、この話で犠牲になる「憎い先公」は顔つきが犬に似ているため、犬猿の仲の言葉に従い、猿を用いた類感呪術のアレンジによって呪殺されます。

お気づきのように、ここに描かれている呪術は、調理法にせよ諺《ことわざ》的な相性にせよ、主人公の知識を活用しています。

呪術というのは、作法だけを沢山知っていてもダメなんですね。

知識や教養のあるほうが強い。

ある意味、世界を動かす技なので、世の中の仕組みや考え方の多くを知らないままでは、そこに切り込んでいくことは難しいというわけです。

呪術としての年中行事

○境界の危険性

さて。話をノロイから平和な方向に戻しましょう。

年中行事の中の呪術です。

雛祭《ひなまつ》りや端午《たんご》の節句など、一年の間に私達はいくつかの節句を過ごします。

一月七日の人日《じんじつ》、三月三日の上巳《じょうし》、五月五日の端午、七月七日の七夕《しちせき》、九月九日の重陽《ちょうよう》は「五節句」と呼ばれます。

おめでたいときもありますが、節句は本来、危うい日です。

節目・境界というのは、ふたつの世界の接続点です。赤い床と青い床の接続点は赤でも青でもないし、赤でも青でもある。その曖昧《あいまい》な、どこにも属さない空間や時間は、もともと神や魔物の領分と考えられてきました。

そのため、人である我々が無事にそこを渡り終えるよう、色々な行事ができたのです。

境界は、節句などの一年スパンの境のほか、毎日の明け方と夕暮れにも訪れます。また、橋や村境など、空間的な境界もあります。

それぞれにマジナイは存在しますが、その中でも暦に現れる節句は重要視され、全国的な年中行事になりました。

○厄除けと掃除

節分は立春の前日に行います。

豆撒《まめま》きをはじめとする鬼を祓う行事は、本来、旧暦の大晦日《おおみそか》に行うものでした。

一年を跨《また》ぐ大きな境は大変危険なので、鬼を祓うことを中心とした追儺《ついな》という行事ができたのです。

マジナイというのは、需要があって供給があるものです。こうしたい、こうなりたいがなければ存在しない。人の感情や願望から発生したものとも言えるでしょう。

そんな様々な願いの中で、最初にできたのが多分、厄除け。禍《わざわい》から身を守る防御です。

そのため、年中行事では、大祓や節分のような厄除けが大きなウエイトを占めています。

厄除けは祓い。つまりお掃除のことでもあります。招福はこのお掃除をした後にもたらされます。

汚部屋《おべや》と呼ばれる汚い場所に、高価なインテリアを置いても台無しですよね。何日も風呂《ふろ》に入っておらず、不潔なのに、その上にハイブランドのスーツを着ても台無しでしょう。運も同じです。まずは心身をきれいにします。祓いは福を呼ぶために必要不可欠な行為なのです。

これは風水の基本でもあります。

金運を上げるために鏡を置いたり、カーテンの色を変えたりする前に、まずすべきは掃除です。

風水についてはここではあまり触れませんが、「風水」は文字通り風と水です。風通しがよく、水回りがきれいな家は、それだけで運が上向くとされています。なので、部屋をきれいにしましょう。

話を戻しますが、実際の人々の願いというのは、案外、生活や身体に密着した地味なものです。

幸運になるより先に、不幸にならなければいいというのが基本にあります。

個人の不幸の源は、一番は病気、次に金銭や人間関係、天災などとなります。

天災は避けようがないのですが、平安な日常を脅かされないためには、健康が一番重要です。

お金があっても、病気になれば楽しみも奪われるし、治療にまた、お金も時間も掛かります。ヘタすると一生、後遺症に悩まされることになる。

だから、病という厄を祓い除けることが一番。そして、きれいな体になって、福を身につけるんです。

新型コロナウイルスという厄介な疫病がありますが、昔も疫病はとても怖いものでした。そのため、古いマジナイの本を開くと、大体、第一に記されているのは、疫神から身を守るための呪文や呪符となっています。

繰り返しになりますが、大事なのは、まず除けること、防御すること。能動的なことを行うのはそれからです。

これらのこと、またこれから記すことは拙著『お祓い日和』『お咒い日和』にても詳しく語っています。興味のある方は、そちらも参考にしてみてください。

○年中行事とハーブ

さて。年中行事の中、祓いに関わる日の代表は、先の二月三日前後の節分、そして六月末日の夏越の祓、大晦日の大祓となります。夏越の祓は、茅の輪《ちわ》潜りで有名ですね。
私達は主に年末に大掃除をしますが、神道では半年に一度、罪穢れの大掃除をするわけです。

節分と大祓以外、五節句の中で祓いに大きなウエイトが置かれているのが、三月三日の上巳、五月五日の端午です。

上巳の節句は雛祭りです。厄を乗せて送り出す流し雛からもおわかりのとおり、お雛様はもともとヒトガタです。これはもう散々言ったとおりの厄祓いです。

雛祭りは別名を桃の節句と言いますが、桃の木・桃の実は、古代から厄除け、鬼を除けるアイテムとして認識されています。桃の木で作った剣などは強力な呪具になっています。

五月五日、端午の節句は、菖蒲湯《しょうぶ》に入ったり、菖蒲の葉を家の軒に下げたりします。
粽《ちまき》や柏餅《かしわもち》も食べますが、この季節は蓬餅《よもぎもち》も良い物です。

蓬は西洋でも魔除けの草、マグワートとして魔術ショップなどでも売っています。

蓬はお灸《きゅう》にも使われますし、お茶として飲めば体が温まる、つまり陽気の強い植物です。薬草、ハーブとしてもほぼ万能なので、時節にこだわらず積極的に活用してください。

菖蒲の葉も蓬同様、強い陽気を持った薬草です。
また、形と香りで邪気を退けます。

菖蒲の香りは血行促進や疲労回復に効果があり、香りの強い根茎を乾燥させたものは生薬にもなっています。

呪術的には、尖《とが》った葉先を剣先に見立てて厄を祓います。尖った葉を持つ笹や、薄《すすき》の葉も使えます。もっと言うなら、ペンでも大丈夫です。たとえば、ボールペンの先を相手に向けるだけ。それで相手の勢いは削がれます。

冬至には、柚子《ゆず》と南瓜《かぼちゃ》を用いて、太陽の模倣としての「感染呪術」を行います。冬至は一年で一番日が短い、太陽の力が弱まる日です。なので、柚子や南瓜を太陽に見立てて弱まった陽気を強化、呼び戻します。柚子の強い香りも厄除けとなります。

蓬や菖蒲もそうですが、香りは案外、マジナイでは重要視されます。

お香やハーブが、宗教儀式や呪術・魔術に重用されているのはご存じでしょう。沢山の種類と効能がありますので、色々と役立ててみてください。

◯お盆と百物語

年中行事に話を戻しますと、お盆にもマジナイ的な意味があります。

もちろん一番は先祖供養ですが、これは霊を招く方法でもありますね。

ご先祖様をお呼びして、もてなして、お帰り頂く。

この作法、実は、先に言った疫病神などの祀り方に近いのです。まあ、一緒にしたら、ご先祖様に怒られちゃいますけどね。

百物語も霊を呼ぶ作法のひとつですが、百物語の原型はお通夜にあるとも言われています。お通夜の席で亡くなった方の話を皆で語り合う、それを故人の霊が聞いている……という設定です。

怪を語れば怪至ると言われるとおり、オバケの話をしていればオバケが寄ってくる。百物語にもそういった考えが基にあります。自分の噂をしていれば、気になるのは当然ですよね。ゆえに、百物語は一種の降霊術とも言えるのです。

ちょっと話が逸《そ》れますが、イベントや本などで、百物語を題材にするときがありますね。今は百話語ることがほとんどですが、本来は九十九話で終えるのが約束でした。百語ると怪異が起きるので、その前に止めるとされていたのですが、みんな怖い目に遭いたいんですかね、今はがっつり百話語ります。

でもこれ、実は逆だと聞きました。

百話語ったほうが何も起きない。怪現象に遭いたいなら、九十九話で止めておけ、と。

「百話語ると怪異が起きる」というのは、実は文章的なひっかけなんだそうです。

百で怪異が起きる。それゆえに、人が話す怪談は九十九まで。最後の一話を心霊的なものに託す。

それで霊的なものに遭遇するというのが、降霊術としての百物語なんだそうです。

なのでもし百物語をやる機会がありましたら、九十九で止めて、そして、部屋を真っ暗にして、しばし無言で過ごしてみてください。

怪異に遭いたくない人は百話以上語るか、または百物語をやらないことです。

もちろん、何が起きても起きなくても、私は責任はとりません。

怪談好きの方への豆知識としてお伝えしておきます。

呪術の対価

○お賽銭の考え方

さて。次はちょっと面倒臭い。対価の考え方です。

鬱陶《うっとう》しい話かもしれませんが、大事なことなので、お話しします。

たとえば、神社参拝です。

まず礼をします。誰に？

柏手を打つ。その意味は？

次にお願い、頼み事。誰に？

これらは皆、神様に対するものですね。

なので、まず小言になりますが、ここの神社は恋愛に効果がある、みたいな言い方はしないほうがいいです。あくまで尊い存在に礼を尽くしてお願いしましょう。

自動販売機のように、お賽銭《さいせん》を入れたら効果がもらえるというものではありません。

もっとも、お賽銭で厄を除けるという考えはあります。

上棟式《じょうとうしき》、いわゆる建前で、昔は屋根の上から餅を撒いたり小銭を投げて、集まった人に拾ってもらったりしていました。

あれ、実は厄除けなんですよ。建前の場合は、家や土地に潜んでいるかもしれない厄を、予《あらかじ》め小銭などに託して投げ捨てます。

お金や餅を投げなくても、人に奢《おご》るというのは、実はとても良い厄祓いになります。

相手に厄は行きません。

こちらには厄除けとなり、相手には福となる。素晴らしいですね。

厄年には大きな買い物をしろとか、人に奢れと言われるのも同じです。そして、お賽銭の考え方も同様とする説があります。

また、お賽銭は銅貨であることに効果を説く人もいます。

古代の銅鏡や銅鐸《どうたく》もそうですが、銅というのは祭具に用いるものなので、念が籠めやすいとされてきました。なので、十円や五円玉がお賽銭に良いと言う人もいます。

もっとも、そんな小銭ばかりだと、神社が困ってしまいます。

今は神社も経営しないとやっていけない時代です。そのため、神社という場所の保全費として、小銭とは別に（二度に分けるなどして）もっと大きな金額を出してもいいと、私自身は思っています。

当たり前ですが、神様自身がお金を欲しがるわけはない。買い物に行きませんからね。けど、お供えを調えるためにも、今はお金が必要です。なので、お賽銭にそれを載せるのは悪くないと思います。

お賽銭は対価という考えにも通じます。

先程、「お賽銭を入れたら効果がもらえるというものではありません」と言いました。しかし礼を尽くしてお願いをして、ご利益があったら、お賽銭が対価の前払いに等しくなる場合もあるでしょう。

また、ご利益が頂けたと思ったら、お礼参りという考え方も出てきますね。願いが叶ったのだから、お礼をしよう、と。

そのとき、お酒を奉納したりする。これもまた、対価と言えるかもしれません。

まあ、対価については、神社参拝で話を続けていくと若干、齟齬が生じてしまいます。

しかし呪術において、対価というのは、とても大切なことになります。

○対価のバランス

「人を呪わば穴二つ」という言葉があります。この「穴」は相手と自分、双方が入る墓穴《はかあな》とされています。つまり、因果応報です。

もちろん、良い因果応報もあります。

情けは人のためならず、という諺にもなっています。

この諺、情けを掛けるのはその人のためにならないからほっておけ、と解釈されがちなのですが、本当の意味は、他人に情けを掛けると、その恩はゆくゆくは自分の身を助けることになる、ということなんですね。

計算高いとも言えますが、これもまた因果応報です。

そして、その配分をするのは、人ならぬナニカです。その存在抜きにして、呪術の対価は成立しません。

この世はバランスで成り立っているというのが、陰陽道などの基本です。

特に呪術は、他人や自分の運を変える方法です。大きな術になればなるほど、運命に介入することになるため、皺寄《しわよ》せは絶対、どこかに来ます。でも、最後に帳尻《ちょうじり》は合うようにできている。正でも負でもね。これが基本の考えです。

別の考え方もあります。

呪術を用いて、運が変わること自体が、その人の運命だという考え方ですね。

どちらが正解か、私にはわかりません。

ノロイに話を戻しますと、自分が墓穴に入るとしても、その覚悟があるならやればいいという話でもあります。

「あいつを酷《ひど》い目に遭わせられるなら、自分も酷い目に遭っていい」という覚悟。

でも、そこまでの人は滅多にいない。ほとんどは相手を懲らしめて、自分は幸せになりたいんですから。

そこで登場するのがプロです。

プロにお願いすることは、緩衝材になってもらうことでもあります。

その対価として、お金や物品、条件などが出されます。

これまた世知辛いですが、この話は、自分と依頼された側、その間で動く神仏や魔物との一種の契約なので、どうしても対価は必要となります。

悪魔との契約に、魂を差し出すなんて話がありますが、対価という意味では当然です。

あとはその軽重だけですね。魂を差し出すほどの願いかどうかを考えましょう。

もっとも、現実的に霊能者や祈禱師に何かを頼むとして、そういった能力者の言うがまま大金をつぎ込むべきかといえば、そこは絶対、違います。

対価というのは、対等なものです。

わかりやすいので、お金で言いますが、たとえば十万円……えーっと、霊能ではなく、一般の占い師の相場は、ほぼ弁護士の一時間の相談料に則っています。弁護士の相談料は、現在一時間一万円が相場なので、占い師も大概、三十分五千円くらいではないですか？

もちろん弁護士にも有能な人とそうじゃない人がいるように、占いも当たる人なら安く感じるし、とんちんかんな人なら高く感じますけどね。

さて。十万円をこの相場に当て嵌《は》めると大体十時間となります。

それを依頼された霊能者なりが受け取って、その祈禱なりを五時間で済ませてしまったとしましょう。

もちろん、準備期間や必要な品々を集める時間もありますし、専門的な能力に対する報酬というのもあります。が、そこは無視して、わかりやすくした話です。

もし今後、そういった機会が出てきたときは、慎重かつ冷静に判断してください。もちろん、普通の対面鑑定でいきなり十万円を要求するような人には、ご注意ください。

この例はあくまで、時給計算とした上でのたとえ話です。

十時間分の金額を受け取った霊能者が、五時間で仕事を済ませてしまったとしましょう。五時間分、どうなりますか？　対価というのは対等でなければなりません。

起こりうることは、ふたつです。

ひとつは、霊能者側が業として背負う。その分、自分の運から支払うという考え。

もうひとつは、過払いとなってしまった依頼者に、過払い分のトラブルが降りかかり、再び霊能者に相談するハメに陥ってしまう、ということです。

後者の場合、依頼された側はまた、お金なりを要求するでしょう。そうすると互いの運の借金がどんどん膨らんでいくことになるんです。

これは怖いですよ。

法外な金品を要求し、また支払ったら痛い目に遭います。あなたも、相手の霊能者も。

金銭の授受が伴う職業としての占い師や霊能者は、実は最後まで幸せでいられる人って少ないんですよ。対価のバランスの鍵《かぎ》を握っているのは、さきほど言ったとおり、人ならぬモノです。その真実の匙《さじ》加減を知ることは、人間にはできません。

ゆえに、対価の話はとても難しい。

安すぎる人や、無料で相談に乗る人の対価はどうなるのか、とかも悩みますね。

自身の徳を積む作業として引き受けている場合もありますが、借金分を他者に転嫁してしまうような怖い人もいます。

いずれも、依頼者と引受人のバランスによって変化します。ほんと、ケースバイケースなので。

ともかく、お金に限らず、対価には気を遣ってください。

必ず、最後に帳尻は合います。

それだけは強く言っておきます。

第二章

式神を作る

陰陽師と式神

○呪術師としての陰陽師

この章では物語や説話に出てくる呪術《じゅじゅつ》についてお話しします。

前章では身近にあるものを題材に、基本的な事をお話ししましたが、今回はちょっと違う……。ある意味、非常に話しづらいですね。もう完全にあちらの世界です。

テーマは、主にスーパーサイキッカーとしての陰陽師《おんみょうじ》が使う式神《しきがみ》についてです。

式神は歴史的なことや文字に書き記されたことだけを追えば、情報量は非常に少ない。けど、その実際について語り始めると、話の尽きない存在です。

どうなるかわかりませんが、まあ、ぼちぼち話していきます。

本の最初にある口絵を見てください。

既にお馴染《なじ》みの『安倍晴明公肖像《あべのせいめいこうしょうぞう》』、そして『泣不動縁起《なきふどうえんぎ》』の一部です。

式神というのは陰陽師が使役する、目に見えない精霊のような存在です。「識神」と記す場合もありますね。

安倍晴明、または陰陽師全般については、最近、技能者や役人としての側面が見直されています。天文を観測したり、暦を作成したり、そして何よりも陰陽寮《おんみょうりょう》に所属する国家公務員であることが強調されています。

確かに、陰陽寮における陰陽師の仕事は主に天文と暦でした。しかし、彼らは天文学者のように星を観測し、それによって暦を作っただけかと言うと、それはそれで違います。

陰陽師が暦を作ったのは、もちろん時を知るというのが一番大きな目的ですが……。

やや話が逸《そ》れますが、「ひじり」という言葉がありますね。

聖人、聖なるものの聖《ひじり》です。その「ひじり」というのは「日を知る」というのが語源になっているという説があります。

そして、それがつまり日月の運行を知る、暦を知る陰陽師であったという説もあります。

全国に聖神社《ひじりじんじゃ》という名の神社がありますが——ご本社ではなく、摂社や末社になっているところが多いですが——そういった聖神社が、案外、過去の陰陽師を祀《まつ》っていたり、民間の陰陽師に信仰されていたりしました。特に西日本の聖神社は、陰陽師と関わりを持つところが多いようです。

なので、旅先で聖神社を見かけた人は、少し気にしてみてください。

無論、全部がそうではありません。大阪、安倍晴明伝説のある信太《しのだ》の森《もり》近くにも、大きな聖神社があります。あそこは直接、陰陽師とは関係ないのですが、名前が名前なので、陰陽師達が信仰していたと聞きました。

さて。話を戻しますが、公務員としての陰陽師は天体観測をしていました。

第一の目的は、星の動き、運行を知るためです。でも、それは現代的な天文学のためのみではありません。占いをするためでもあったんです。

現存する陰陽道に関する書物としては最古のものなのですが、字面《じづら》をみればわかるように、まさにこれは占いの本です。

『占事略決《せんじりやっけつ》』という、安倍晴明が撰《せん》したとされている書物があります。

現代において、占いと科学は異なる分野となっていますが、もともとは一緒。占いのための技術として、天文は発達してきました。神としての星々の意を読み取るための技術として、占いは存在したんです。

現実を超えた、そのような力が陰陽師に期待されたのは確かです。

当然、陰陽師達は呪術や祈禱《きとう》も行いました。

安倍晴明の説話というのは、伝説の域を出ないものも多いのですが、当時の貴族達の日記にいくつか、きちんとした記録が残っています。

それらの中には、天変を奏上したり、占いをしたり、反閇《へんばい》という呪術的な作法をしたなどということが記されています。

安倍晴明から五代目に、安倍泰親《あべのやすちか》という人物がいます。この人のことも、歴史的資料にきちんと出てきますね。

安倍泰親は占いが得意で、未来のこともよく当てたので、「さすの神子《みこ》」との異名を以《もっ》て知られています。

「さす」というのは「指さす」の「さす」です。指を差すように、未来のことを当てたという人なんですね。この言葉は『平家物語《へいけものがたり》』などに出てきます。

また、藤原頼長《ふじわらのよりなが》という、保元《ほうげん》の乱《らん》で重要人物となった人がいます。

この人は「よろずにきわどき人」とも評されて「悪左府《あくさふ》」という異名を取った人なんですが、頼長の残した日記に『台記《たいき》』というものがある。ここに泰親の名前が出てきます。

頼長は今で言うところのバイセクシャル——同性愛者寄りのバイセクシャルだったわけですが、どこの誰とどういう感じで結ばれたとか、そのときどうだったとか、日記の中で、すごく素直に書いています。

その中、好きになった貴族の子弟が同性に興味がなく、こっちを向いてくれない。なんとか振り向かせたいから、泰親に恋愛成就を頼んだ、なんてことが書かれています。で、これは成就しているんですね。泰親さすが、という感じです。

また、この頼長という人は、非常に心霊やオカルトが好きでして、占いなどもかなり勉強しています。そして、泰親から「見百鬼之術」――モノノケや幽霊を見る術ですね、それを教わったりしています。

結局、頼長は鬼を見られなかったらしいのですが、でも、その術を泰親が教えたということは、安倍泰親は鬼を見ることができた、そういう才能があったと考えられたわけでしょう。

もちろん、合理的に考えれば、泰親が営業戦略として喧伝《けんでん》した可能性はあります。が、最初に記しましたように、鬼も仏もあると信じて語るのが、本書のスタンスです。

なので、陰陽師は天文や暦のみならず、占いや祈禱のほか、実際に鬼と対峙《たいじ》していたと言い切ってしまいたいと思います。

実際、あの時代は、霊的な世界を当たり前のこととして信じていた時代です。

その当たり前の生活の中に、霊能的な相談や解決も含まれていた。そう考えていいと思います。

○『泣不動縁起』の式神

式神に話を戻しましょう。

安倍晴明は式神の使い手の代表のように言われていますね。

口絵に載せました『泣不動縁起』という絵巻物をご覧ください。安倍晴明が好きな人なら、誰でもが知っているものだと思います。

まず、ここに描かれている説話の粗筋を紹介しましょう。

あるとき、安倍晴明はお坊さんから頼まれて、その師匠である僧侶《そうりょ》の病気を占います。

すると、もう助からないという結果が出てしまいます。

悲嘆に暮れる弟子達を見た晴明は「誰か身代わりとなるものがあれば、生命のすげ替えをしてやろう」と言ったところ、弟子のひとりが名乗り出ます。

最後は不動明王《ふどうみょうおう》の情けによって師弟共に助かるのですが、命のすげ替えをするために、安倍晴明は「泰山府君祭《たいざんぷくんさい》」の修法を執り行ったとされています。

巻頭に載せた絵巻は、その場面を描いたものです。祭壇はいたくシンプルですが、実際はもっと大がかりな準備が必要な祭りです。

画面の右端に控えているのが式神ですね。この絵巻にいる式神に関しては、また、のちほど語りますが、まずは特定の式神ではなく、全体的なことを先に言います。

伝説では、晴明は式神を使って戸の開け閉めをさせていたとか、結構、雑に使っています。あと、奥さんが怖がったため、普段は一条戻橋《いちじょうもどりばし》の下に式神を隠しておいて、必要なときに取り出したとか。この話も有名ですね。

式神というのは、そうですね、陰陽師にとっては使役するもの、つまり術者よりも下の存在だという認識です。

そういう召使い的なものではなく、でも、式神に近い存在は、仏教でも神道でも存在しています。

眷属と護法

ひとつは護法《ごほう》、もうひとつは眷属《けんぞく》、神社の御眷属様ですね。

式神もそうですが、眷属や護法と呼ばれるものも色々な姿があり、人との関わり方も様々です。

○狐と狼

高知県には陰陽道の流れを汲《く》む「いざなぎ流」という祈禱集団がありますが、そこの人達は、ある種類の御幣《ごへい》を式王子と呼び、また呪詛《じゅそ》する際には「式を打つ」という言い方をします。

式神は神でもあり、使役されるものでもあるわけです。

眷属は、たとえばお稲荷《いなり》様でしたら狐となりますが、お狐様そのものを神様と見る風潮もありますね。今、多くの稲荷神社では、狐イコール神とすることは否定していますが、庶民は動物であるキツネそのものを神として扱うこともありました。

東京向島《むこうじま》にある三囲神社《みめぐりじんじゃ》には、ご本殿の背後に沢山の小さな稲荷社があり、その中央に翁《おきな》と媼《おうな》の石像が祀られています。

参拝する人はまず、そのお爺《じい》さんとお婆《ばあ》さんの像にお願いして、キツネを呼び出してもらうんです。そして呼び出したお狐様にお願い事をすることで、願いをお狐様が神様に届ける——そういう形になっています。

ちなみに石像となっているお爺さんとお婆さんは、江戸《えど》時代に実在したご夫婦で、実際、参拝者の頼みで、神社に住んでいたキツネを呼び出していたそうです。

そのご夫婦が亡くなったのちに石で像を彫り、祀られるようになったというわけです。

この場合、翁と媼、ご眷属さんは受付、役所の窓口のような感じで認識されています。

また、神様からのお知らせを、人に伝える存在でもあります。

秩父《ちちぶ》の三峯神社《みつみねじんじゃ》などでは、お犬さま、つまり狼が眷属とされています。

「お犬さま」「御眷属様」と呼ばれますが、ここの御眷属様は信者の人が借り受けて、その家を魔物や疫病・泥棒から守っていただくための存在です。

もちろん神様のお使いとしても色んな伝説があるのですが、一番有名なのは、やはり「御眷属拝借」です。

信者さんに貸し出された御眷属様は、一年、その家に逗留《とうりゅう》してそこを守ります。御眷属様をお借りした人は、必ず一年後に返しに行く。そういうしきたりと作法を持つのが、三峯神社を代表とする御眷属様です。

○護法

護法と呼ばれるものは、普通は行者さん、主に仏教系と修験道系の行者さんのお使い、または行者さんを守る存在です。

奈良県の信貴山朝護孫子寺《しぎさんちょうごそんしじ》に伝わる縁起には、法師が山にいながら、「剣の護法」を帝《みかど》のもとに送り、醍醐《だいご》天皇の病を治したという話が残っています。

眷属と呼ばれるものを使うのは神様ですが、護法は人が使います。そういう意味で、護法のほうが式神に近いと言えるでしょう。

ただ、これも一筋縄ではいきません。

岡山には護法祭と呼ばれるお祭りがあるのですが、このお祭りの行われるお寺では、護法そのものが護法神と呼ばれて、きちんとお祀りされる存在となっています。

岡山の護法神には大きくふたつの種類があって、ひとつは犬の護法、もうひとつは烏の護法です。

この祭りはもともと山伏のものです。

固有の用語が色々あるのですが、そこは省略して、少しお祭りの説明をします。

護法祭は神が憑依《ひょうい》する器としての人、一般的に尸童《よりまし》と言われる人——この祭りの場合は男性ですが——その人に護法神を憑依させ、護法神が尸童の体を使って、しばし現実世界に遊ぶというお祭りです。

現在、有名なのは岡山県美咲町《みさきちょう》の両山寺《りょうさんじ》のお祭りです。こちらは烏の護法さんです。ネットにもいくつか動画が上がっているので、興味のある人は見てみてください。

私はこのお祭りを拝見したことがありますが、正直なところ、とても怖かったです。本当に憑依してらっしゃるので。

夜に行われるお祭りですが、まず締め切ったお堂の中で、行者さん達が尸童の男性に護法神を憑《つ》けます。

境内は少しの明かりと松明《たいまつ》以外、真っ暗です。そして一定の作法を修して尸童に護法神が憑きましたら、お堂の扉がバーンと開く。そこから文字通り、護法神が飛び出してきて、境内を自由に走り、跳び回ります。

その速いこと速いこと。さすが、烏さんという感じです。

今はおつきの人がかなりがっちりガードしていますが、昔は高いところからも平気で跳ぶし、駆け回るところも道とは限らないという、ほぼ無法状態だったそうです。

おつきの方は、尸童となった男性の肉体も保護しなければならないから大変です。現在は昔ほどの激しい動きはないようですが、それでも素面《しらふ》のおつきの方が烏の護法さんについていくのは、すごく大変そうでした。

境内には私のような参拝客もたくさんいるし、出店で焼きイカなんかも売っている。そういう間を、護法神がおかまいなしに走ります。

但《ただ》し、これは楽しいだけのお祭りではありません。その護法神に万が一捕まってしまった人は、三年以内に死ぬとされているんです。

観光客も普通にいるし、浴衣《ゆかた》でデートしている人もいるんですけどね。ともかく、私は事前にその話を伺っていたので、もう怖くて怖くて……。取材で行ったのに、逃げ回っていました。

のちに、お寺の方と尸童の方にお話を伺ったのですが、護法神は無差別に捕まえるわけではなく、悪いことをした人を捕まえる、と。そしてその話は、ただの伝説ではなくて、近年もあったことだそうです。

たとえば、撮影は許可されているけど、フラッシュを焚《た》いてはいけない。それを破った人とかね。

また、尸童さんは頭に梵天《ぼんてん》と言われる紙垂《しで》――神社の注連縄《しめなわ》などにひらひら下がっている紙ですね、あれをたくさん取りつけた、かつらのようなものを被《かぶ》っています。それをいたずら半分に引き抜こうとした人などが捕まるそうです。

尸童さんに伺ったところ、ある程度の意識はあるそうです。それで、被っている梵天に誰かが触れたりすると、ピリッと……なぜかわかるんだそうです。

フラッシュがダメだというのは、トランス状態に入ってしまっているので、瞳孔《どうこう》が開いているからですね。

なので、神様に対して無礼というのはもちろんですが、生身の肉体が危険になる。そのため、境内の明かりを落とします。

ところが。

伺った話ですが、随分前の護法祭のとき……今の尸童さんより一代前の時代に、正面からフラッシュを焚いて写真を撮った男がいたそうです。

その瞬間、護法神はすごい速さで、その男をガッと羽交い締めにしてしまった。当然、男は逃げようとするのですけれど、摑《つか》む力がもう尋常ではない。

尸童さんは、普段は普通の男性なのですが、男がどんなに暴れても、また、おつきの人が離そうとしても、まったく手がほどけない。そして、そのまんま、ずるずるずるずる……男を引きずったまま、お堂の方に戻り始めた。そして、お堂の縁の下に男を引きずり込んでしまったそうです。

お祭りはもう滅茶苦茶《めちゃくちゃ》。当然ですが、大騒ぎになっちゃって。

まずは縁の下から、護法神と男を出さなくてはならないし、次に戸童さんから護法神を外さなきゃならない。それ以上に、その男、摑まれたら三年以内に死ぬって言われてるわけですね、それをどうするか。

でも、祟《たた》りから逃れる手段はちゃんと存在しているんです。お堂に上がって謝罪して、ご祈禱を受けるという方法です。

しかし、その男はそういうことを信じていないから、禁忌を破るわけですよね。だから、なんとか護法神の手を外してご祈禱を勧めたにもかかわらず、「冗談じゃない」と断ったそうです。

それどころか護法神に引きずられたとき、持っていたカメラが壊れてしまった。

「壊れたカメラをどうしてくれるんだ。弁償しろ」と、怒鳴り散らしたらしいんですよ。

結局、男はみんなの制止をも聞かず、そのまま帰ってしまったそうです。

「で、どうしたんですか」と、私は聞きました。

行者さん達は詳しい話はしませんでした。

ただ、

「一年もたなかったね」

そう仰《おつしや》っていました。

○イヅナや管狐など

眷属も護法も色々です。

性格や位置づけも様々で、一律に定義できるものではありません。

どんなものもそうですよね。人もまた「人間」と一括《ひとくく》りにして、自分と他者の性格や体質を同列に語ることはできないではないですか。それと同じです。

しかも、眷属も護法も、本来は人間の支配下に置かれるものではなく、神様のおつかいという位置づけです。護法神にも式神にも「神」という字がついていますよね。神霊そのもの、または三峯神社の御眷属様のように、神様からお借りしているものです。

彼らは正義ではありますが、生やさしいペットのようなものではありません。

このような存在が、いくつか、式神と類似したような形で日本の中にいます。

憑き物の一種としても数えられる「イヅナ」をご存じでしょうか。

このイヅナを使う人を「イヅナ使い」と言います。

物語の中などでは、イヅナもイヅナ使いも悪い存在として描かれがちですが、実際は全然違います。

イヅナさんは飯綱《いづな》（縄）権現という神様が大元にありまして、この飯綱権現は山伏さんや行者さんが信仰します。そして、きちんと修行を積んで、その行者の眷属神として、使うことを許されるのがイヅナさん。その使い手がイヅナ使いです。護法神や御眷属様と同類の、神仏に近縁の存在です。

このイヅナさんと似たように思われているのが、管狐《くだぎつね》ですね。

管狐は名のとおり、管のように細長い生き物とされ、細い筒のようなものに入れて所有されます。

ちなみに、こういう超常的な動物をオサキ狐とか、なんとかキツネとか言いますが、それらがキツネの姿を取るとは限りません。

実際、見た人の話によりますと、細いイタチみたいだったとか、ネズミに一番似ていたなどと言います。実は、キツネに似ていたという話はあまり聞かないんですね。

まあ、キツネは化かす存在として有名ですので、そういった動物の名前を霊力のあるモノの総称として使ったんじゃないかと、私は思ってます。

で、この管狐ですが、管狐は仏教や神道の正規品ではありません。俗に「外法《げほう》」の一種と言われています。また、それらを使う人をまとめて「外法使い」と称します。

これらのモノ、たとえば管狐は、いわゆる祈禱師などが管狐のもともと住んでいるとされる山や魔所で捕まえて、飼育、繁殖させて使います。

彼らは良いことばかりに働くわけではなく、悪いことにも動きます。ある家の情報を集めて物を盗んだり、取り憑いて呪い殺したり。

代表的なモノでは、管狐のほか、オサキ狐、別名オーサキなどが知られています。

彼らの働きは、使う術者次第です。

この手のモノは動物を飼うのと同じでして、人のために働くように訓練をしたり、人のことを噛《か》まないようにしつけたり、そういうふうに可愛がって使うか、攻撃力を高くして、人を傷つけるようなことに使うか。飼い主である術者の性格と目的次第です。

そういう振れ幅の大きい見えない動物が、一部の憑き物と呼ばれる存在です。

憑き物では、もうひとつ、犬神も有名ですね。これは代々、家に憑くと言われています。

その場合は厄介で、自分の意思でそういうモノを家に置くわけではないので、色々面倒な問題が起きます。社会的にも過去、差別の対象になりました。

　オーサキなども同じでして、最初は術者が使うために捕まえたり、飼育したりする。犬神の場合は呪法をもって作りだします。

　けど、それが家に残って代々の憑き物になる、または術者の不慮の事故などにより、憑き物が野放しになって、別の家に居着いてしまったり、誰かが拾って、新たな目的のために使用する……そんな話が伝わっています。

　憑き物に関しては色々な書物が出ていますが、まあ、そういった厄介なモノであると言えるでしょう。

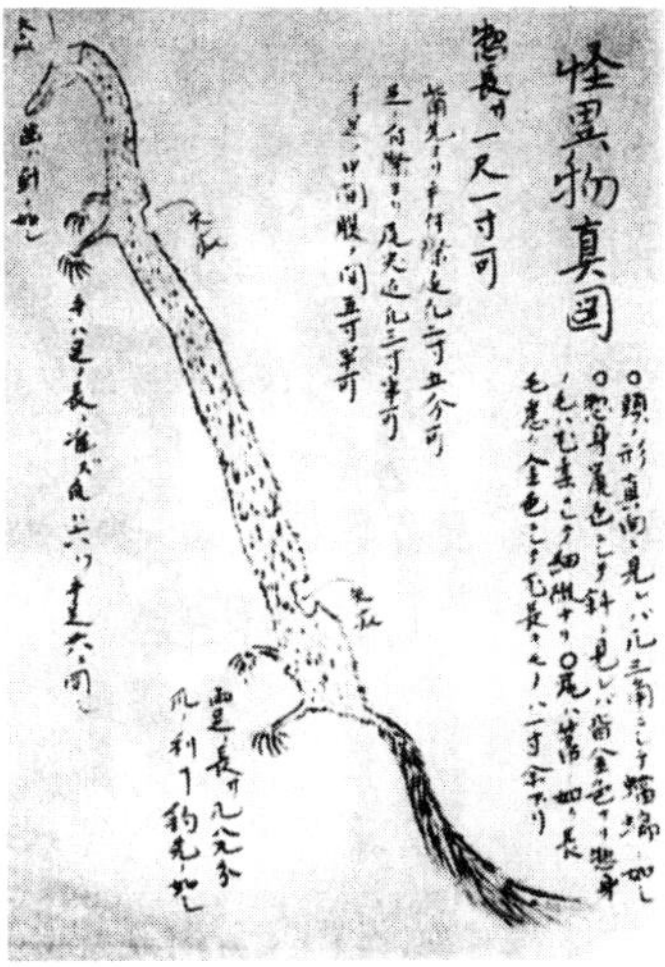

犬神　岡熊臣『塵埃』より

安倍晴明と式神

○十二天将とは

大体の使役神や霊的な動物のことがわかったと思いますので、式神——安倍晴明に話を戻しましょう。

みたび、『泣不動縁起』の一場面を見てください。

まず祭壇に向かって祭文《さいもん》を読んでいる安倍晴明がいます。陰陽道では祝詞《のりと》やお経ではなく、祭文または都状《とじょう》と言います。

祭壇を隔てて、左に控えているのが疫病神や妖怪《ようかい》達です。なかなか愛らしいですが、にやにや笑っていて、ヤな感じですね。

祭壇の上には御幣が立ち、供物が供えられています。

前章でお話ししましたように、これもただ単にやっつける、追い払うのではなく、もてなしてお帰りいただくスタイルです。伝統的な日本の疫神送りに則《のっと》っています。

安倍晴明の斜め後ろ、右側にいるのが式神です。こちらもちょっと鬼っぽい容貌《ようぼう》をしています。

安倍晴明の使った式神は、十二天将だったという話があります。

十二天将というのは十二の方位を司《つかさど》る神です。

そしてそれは、式盤《しきばん》と呼ばれる、陰陽道で使われる占いの道具に由来すると言われています。

式盤は六壬《りくじん》という占いで使われたもので、正方形の台の上に可動式の円盤を置いたものです。

四角い台座が「地盤」、円盤は「天盤」と言いまして、天と地、宇宙を表しています。

そして、円盤を回して日にちや時間を合わせて占います。

ちなみに式盤は木で作るのですが、天盤と地盤はそれぞれ厳密に素材まで定められています。

台の方は棗《なつめ》。雷に打たれた棗「雷震棗木《らいしんそうぼく》」、または「霹靂棗木《へきれきそうぼく》」と呼ばれるもので作ります。

上に載った円盤は「楓《ふう》」という木を使います。漢字ではカエデと書きますが、これは日本のカエデではなく、中国原産の別の木です。

図を見ていただければわかりますが、地盤は上から時計回りに、子《ね》丑《うし》寅《とら》卯《う》辰《たつ》巳《み》……と十二支に振り分けられています。そこをそれぞれ司る神が天にいる。それが天盤に記された十二天将です。

天盤の四重円の一番内側にあるのが、十二天将の名称です。

十二天将は「十二神将」「十二貴人」とも呼ばれます。また、史料によって名称や漢字も異なるのですが、以下に一般的なものを記します。

——青龍《せいりゆう》・朱雀《すざく》・白虎《びやつこ》・玄武《げんぶ》・勾陳《こうちん》・六合《りくごう》・騰蛇《とうだ》・天后《てんこう》・貴人《きじん》・大陰《たいいん》・大裳《たいじょう》・天空《てんくう》。

十二天将は方位のほか、干支《えと》、または各々五行《ごぎょう》（木《もく》・火《か》・土《ど》・金《こん》・水《すい》）に分類される神様でもあります。なので、本来は使役するのではなく、その加護を求める存在です。

中国の古い呪法には、十二天将を味方につける方法があります。

その方法とは、まず祭壇にお供えをして、所定の時間に、左手に十二色の絹布《けんぷ》、右手に筆をもって呪文を四十九回唱える。それから十二方位の「気」をそれぞれ四十九回吸って、左右の持ち物に吹きかけます。終わりましたら、絹布と筆を定められた場所に納めて……という作法をくり返し、百日ほどすると色々と功徳が現れるとされています。

呪文は中国語ですが、日本語にするとこんな感じです。

「天乙貴《てんおつき》人《じん》、騰蛇、朱雀、六合、勾陳、青龍、天后、太陰尊神、玄武、大常《たいじょう》、白虎威霊《いれい》、

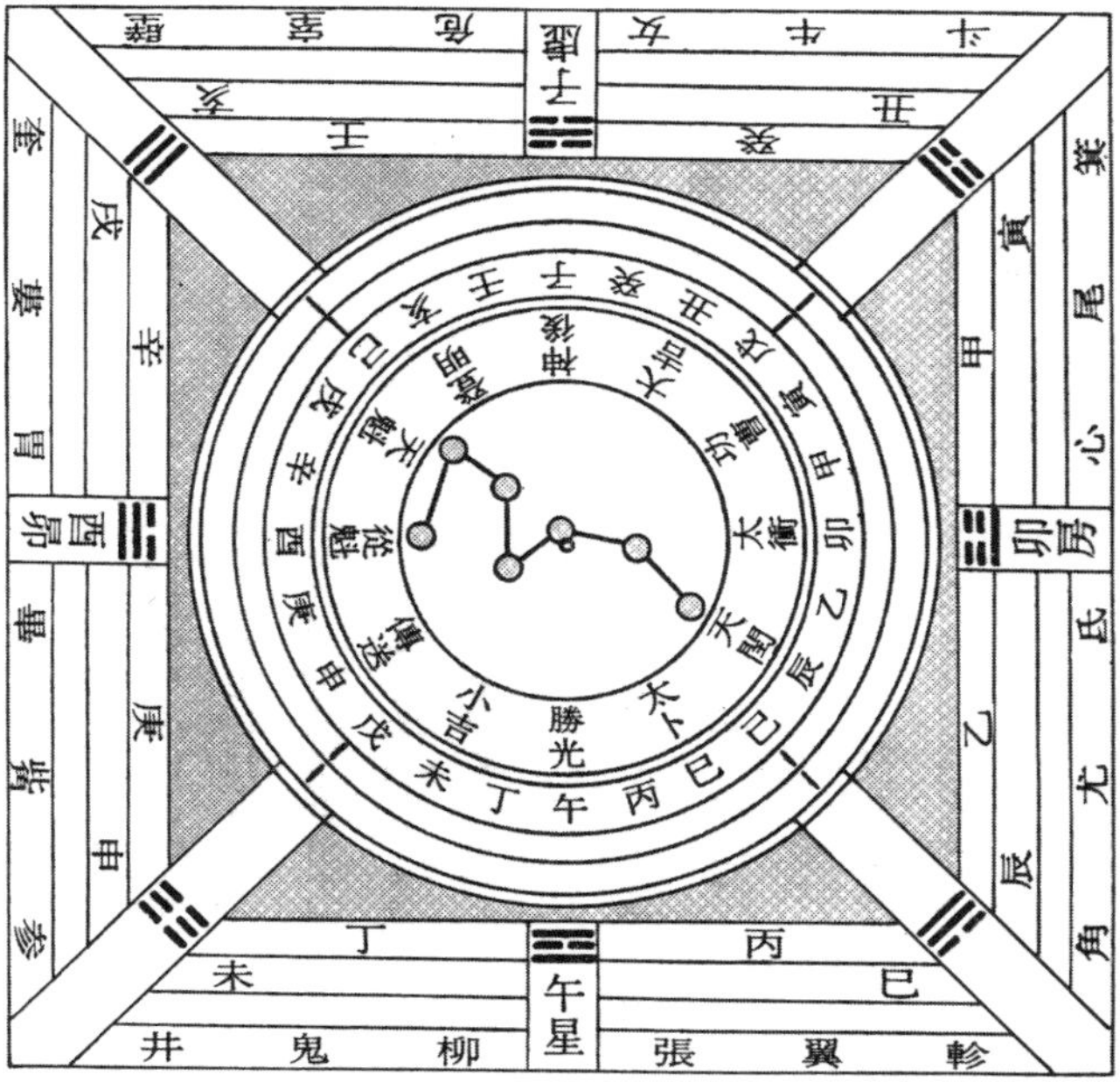

式盤　楽浪遺蹟出土式盤復元図（東京大学文学部編『楽浪』による）
出典：村山修一『日本陰陽道史総説』塙書房

天空掌史《しょうし》、これら十二神君よ、賊寇《ぞくこう》を破り、我が兵を敵より匿《かく》し、万衆を引き入れよ。敵に我が声が漏れぬように。われが死の淵《ふち》に立った時、われを殺そうとするものを盲目にしたまえ。急急如《きゅうきゅうにょ》律令《りつりょう》」

格好いいですね。

さて、もう一度『泣不動縁起』の式神に戻りましょう。

十二天将なのに、二人しかいない。

でも、実はこのふたり

の式神は、十二天将すべてを合わせた力を持っているとも考えられるのです。

先程、お話ししたように、十二天将はすべての方位を表します。方位は陰陽道では陰と陽に分かれ、また五行に分類されます。

それを知った上で、絵巻に描かれている式神を見直しますと、このふたりがまた、陰と陽を表していることに気がつきます。

式神の肌は赤と青ですね。

この色は、正倉院《しょうそういん》に伝わる碁石と同じです。

一般的に碁石は白と黒ですが、正倉院のものは赤と青です。

碁盤・碁石というものは、もともと陰陽の理に則って作られています。

宇宙の雛形でもある式盤は、天盤が円く、地盤が四角かったですよね。囲碁もそれと同じです。

碁盤は四角く、碁石は円い。そして、碁石は陰陽で動く。だから石は白と黒、正倉院の場合は赤と青です。

古い時代での陰陽は、陽が赤、陰が青という認識がありました。昔話の鬼が赤鬼と青鬼になっているのも、その名残です。なので、安倍晴明の側に描かれたふたりの式神も、陰陽を象徴しています。

つまり、ふたりの式神は、それだけで陰陽――タオと言ってもいいかもしれないですが、宇宙の姿を表していると、この絵は読むことができます。

十二天将が全ての方位を司っていたのと同じですね。赤と青の式神で、万物全ての理《ことわり》を従える。安倍晴明の力を表しているとも言えるでしょう。

加えて、青い式神は赤い服、赤い式神は青い服を着ています。この式神ひとりだけで各々陰陽が整っている。すごい力を持つ存在として描かれているんですね。

だから、これだけの力を持つ式神を従えられる安倍晴明は素晴らしい陰陽師なんだよ、というふうにも読み解けるわけです。

○『安倍晴明公肖像』を読む

もうひとつ、安倍晴明と式神が揃っている有名な絵に、晴明公のお姿を描いたものがあります。

これもちょっと読み解いてみましょう。

口絵に載せました『安倍晴明公肖像』です。

晴明公は沓《くつ》を脱いで、台の上に座っていますね。この姿は、伝統的な祖師像に共通するものです。

祖師というのは宗派の開祖のことですが、たとえば弘法大師《こうぼうだいし》の像も同じように沓を脱いで台に座り、彼方《かなた》を見ていらっしゃいます。

伝教大師《でんぎょうだいし》最澄《さいちょう》の像も同じですし、浄土宗《じょうど》の法然上人《ほうねんしょうにん》の像なども、みんな同じスタイルです。なので、安倍晴明公の図像は、陰陽道の祖としての祖師像となります。

沓を脱いで台に座る姿は、地面に足をつけない——つまり、俗世から離れた存在であることを表すポーズです。

弘法大師の像は、手に三鈷杵《さんこしょ》と数珠《じゅず》を持っています。これは弘法大師が持つ、密教的な力の象徴でもあります。

一方、晴明公は手を袖《そで》で隠しています。そして脇に式神を従えています。画像の式神は青、即ち陰の式神ですね。

現在、いくつかの神社に、同じ姿の安倍晴明公の肖像が伝わっています。見比べて頂けるとわかるのですが、従える式神の色が赤と青の両方あります。色は式神の働きを表しますので、どこの神社の晴明公が、如何《いか》なる力を宿す式神を従えているのか、比べてみるのもお奨《すす》めです。

口絵の肖像画は、大阪の阿倍王子神社《あべおうじじんじゃ》のものです。

敢《あ》えてこちらをご紹介したのは、ほかの神社の肖像画と異なっているところがあるからです。

この肖像画では、青い、陰の式神が手に松明を持っていますよね。

松明、即ち炎は陽気の最たるものです。つまり陰の式神が炎を持つことで、ここでまた、陰陽が整う。そういう姿が描かれていることになるんですね。

ほかの肖像画のほとんどは、赤い式神が炎を持つ姿で描かれています。こちらは強い強い陽気の象徴です。陰陽ではなく、陰気を祓《はら》うことを目的としたものと読めます。

式神が松明を持つ姿には、もうひとつ意味があります。

松明が必要な世界に安倍晴明はいるということ、即ち闇の中に身を置いているということです。

安倍晴明が今座っている所は、真っ暗。その闇の彼方に視線を向けて、袖で手を隠している。

袖で隠された中では、当然、印が結ばれています。

宗派によって異なりますが、印の中でも大事なものは人に見せないことが多いです。

山伏さんなどは、山中を行動する都合上、肖像画のような広幅の袖のままではありません。そのため、手甲をはめた手で印を結びます。密教は袖で隠しますね。法衣《ほうえ》の袖は隠しやすい。道教も一部隠します。

呪術では「袖の下」という言い方があります。袖の下に「呪」を隠し持つのです。

描かれた晴明公は、袖の下でどんな印を結んでいるのでしょうか。

多分、闇の先には妖《あやかし》がいるのでしょう。それに何らかの作用を及ぼすために、安倍晴明は松明を持った式神を従えて印を結んでいる……。

結構、物語的には盛り上がる場面ですよね。視界の先に何がいるのか、想像力が掻《か》き立てられます。

逆に言うなら、晴明さんが正面を向いていなくて、よかったなあと思います。

こっちが調伏《ちょうぶく》対象になってしまっては困りますから。

式神作成の実践

○様々な式神

さて、お待ちかねかどうかはわかりませんが、実際の式神の作り方です。

私は過去、何人か式神を作ったという方に会ったことがあります。作り方を教えてもらったこともありますが、正直なところ、よくわかりませんでした。

人によって定義も方法もバラバラですし、最終的にはやはり、私ですら存在を疑ってしまいました。式神なんているの？　……って。

なので、「実践」と銘打ちながらも、ここで具体的な方法は語りません。

作り方の載っている資料もありますが、術者や資料によってほんと、様々です。

一般的には、切り紙、折り紙を使うとよく言われますね。

また、立体で動物の形を作り、そこに対象となる動物の魂を籠《こ》めるという、やや手の込んだ方法もあります。

漫画などでは、鳥のイメージが強くないですか？　あと、狼とか。

でも、実際には……実際というと語弊がありますが、用途によって様々だという話です。動物がほとんどですけどね。また、あまり巨大な式神もいないようです。

人から聞いた話で恐縮ですが、たとえば鳥。鳥は長い距離を速く移動するので、急ぎのときには便利です。でも、夜間は使えません。雨の時もちょっと不便だし、可哀想。

地上を走る、小さくて速い生き物としては兎とか、狭い場所に探索に出すなら鼠、もっと気配を殺すなら蛇、と、実在の動物に合わせて使い分けるそうです。

なので、犬の式神の話は聞きますが、猫の式神の話はほとんど聞きません。言うことききかんからですね。

こういうものは、現実に即したイメージが大切なんです。

鳥が好きだからって海の中まで入れたり、犬に空を飛べと言っても不可能でしょう。

そうやって、現実的にも無理のない範囲で考えないと、ほんとにただのお伽噺《とぎばなし》になってしまいます。

このイメージを構築するとき、大事なのは今言ったように、現実からあまり離れないということがひとつ。もうひとつは視覚化、映像化です。

ときどき、目の前にないものをありありと思い浮かべて、そのままを絵に描ける人がいます。

漫画家や画家に多いですが、これ、半端な想像力ではないんですよ。細部に至るまでイメージする。普段からよく物を見ていないとできないことです。

カメラ・アイなどという言い方をする人もいます。風景など、見たままを家に帰ってから描ける人のことです。

特殊な才能の持ち主と言っていいでしょうが、訓練すれば、普通の人も、ある程度は習得できます。

視覚化には、その能力が必要なのです。

のちほど結界の話もしますが、この視覚化、映像化というのは呪術ではすごく大事です。これができるかできないかで、結果が大きく変わってきます。

○視覚化の方法

この講座では、様々な蘊蓄《うんちく》を述べると共に、いざというときには思い出して頂き、実際の役に立てられる……そういうものを目指しています。

なので少し時間を取りますが、ここで視覚化の実験をしてみましょう。

まず誰か、これから記す文章をゆっくりと読み上げてくれる人を探してください。誰も見つからない場合は、ご自身で次の言葉を録音して、再生してくださいね。

①部屋を少し薄暗くして、落ち着いて座ってください。
床でも椅子でもいいですが、手を伸ばしたとき、何かに当たらない程度のスペースがある場所で座ってください。物音もないほうがいいです。

邪魔が入らないように準備ができたら、目を閉じて膝《ひざ》に手を置いてください。
②自分の前に適当なテーブル、または机があると想像してください。
実際にテーブルがある場合は不要です。

そして、そこに空のコーヒーカップかティーカップがひとつ、置かれているのを思い浮かべてください。

ソーサーはなくても構いません。マグカップでもオーケーです。

なるべく高級なカップを。できれば、自分の家にないもの、日常的に使っていないものを思い浮かべてください。

最初は漠然とでいいです。
③次に、思い浮かべたその形をしっかり、目を閉じたまま心で見ます。

脳裏に思い浮かべる、または閉じた瞼《まぶた》の裏側をスクリーンとして、映像を映すようにイメージして、じっと、見ます。

④明瞭《めいりょう》に見えてきましたか？

形はどんなものでしょう。縦に長い？　底が浅い？　持ち手はどんな形ですか？

素材はなんですか。陶器？　磁器？　ガラスなどかもしれませんね。

⑤そのカップは無地ですか？　地は何色でしょう。

絵や模様が描かれていますか？　模様のある場合はどんな柄か。柄があるなら、どこにありますか？

柄はカップの縁にあるかもしれないし、中央、または全体にあるかもしれないですね。

その色は。しっかり確認してください。

⑥そこまでがきちんと見えたら、次に、そっとカップを手に取ります。

想像ででもいいですし、実際に手を動かしても構いません。

持ちましたか？

手触りはどうでしょう。掌《てのひら》に載せて、カップの重さを感じてください。

⑦そこまでできたら、次にそのカップをくるっと百八十度回して、反対側を見てください。

無地のカップにも、新たな模様があるかもしれません。
表にしか模様のないものもあるでしょう。
カップの内側に模様が描かれているものも、あるかもしれませんね。
暫《しばら》くカップを手に載せて、質感や重さ、模様を楽しんでください。
⑧では、それを堪能《たんのう》したら、今度は天地を逆さに、引っ繰り返してみましょう。
メーカーの名前や刻印がある人は、それを読み取ってください。できましたか？
⑨さあ、カップを手の上で普通の向きに戻してください。
全部ありありと思い浮かべられたら、そのカップはもう、あなたのものです。
でも、今はその先はやりませんので、カップをテーブルに戻してください。
戻しましたか？　いいですか。カップを消しますよ。
⑩目を開けて、両手を叩《たた》いてください。
「カップは消えました」
声に出して言ってください。

――以上。
これが簡単な、イメージによる視覚化です。

一度、試してみてください。

ただ、変なものをイメージすると、場合によっては大事《おおごと》になるので……、呪術という意味ではなく、この方法は軽い催眠に近いので、感受性の強い人は気をつけてください。

まあ、余程の才能がない限りは、一度や二度ではどうにもならないので、遊びの範疇《はんちゅう》と思っていいです。

面白いことに、こういう実験は誘導する人がいたほうがうまくできますし、集団でやったほうがうまくいくんです。なので、できれば複数人で行って、あとであれこれ感想を語りあってみてください。

これらの視覚化は、たとえば真言密教でも阿字観《あじかん》・月輪観《がちりんかん》など、瞑想《めいそう》法として用いられています。

阿字観は大日如来《だいにちにょらい》を表す「阿」の梵字を前に観想し、自分と宇宙、「阿」との境目がなくなるような境地に達すること。

月輪観は、月が自分の菩提心《ぼだいしん》そのもので、その光が全世界に行き渡るという観想法です。

最終的には、それらのイメージは単なる想像を超越し、あたかも現実そのものであるかのごとくならねばならないとされています。

また、魔術的な方法としては、アクティブイマジネーションというものがあります。

こちらはたとえばタロットカードの中に自分が入っていって、カードの中の世界を逍遥《しょうよう》するといった瞑想法です。

いずれも自己の想像力をフルに活用し、対象となるものをありありと五感で感じる力が必要とされます。

ともかく、視覚化、映像化というのは、瞑想からニューエイジ系、トランスパーソナル系のセッション、ワークショップまで、古今東西で用いられる技術です。

呪術のひとつの要《かなめ》と言えるものですね。

これが式神にも応用されるのですが、無から有を創るのは大変です。

たとえば今のコーヒーカップでも、あとでもう一度やろうとしたとき、形が変わったりしてしまいます。

ただの想像ならいいんですが、式神はもっとアクティブなものです。歩いたり走ったり飛んだりしなくてはならないですからね。

もし、自分の家にいるペットが、毎日違う種類や柄になったら変じゃないですか。猫の式神はないという話ですが、仮に猫だとして、昨日はサバトラだったのに、今日はミケだ、とか困りますよね。

では、変わらないように黒猫にしても、なんか今日は太ってるなあ……とか。

そうなってしまうとダメなんです。

なので、大概、何らかの手懸かりをつけておきます。

手懸かりとは、折り紙や切り紙、立体像など、自分のイメージの導きとなるもののことです。

安倍晴明の式神ですら、十二天将という手懸かりを用いて構成されています。完全な無から有を創り出そうなどと、頑張らなくていいんです。

いつのまにか形が変わって、それで定着することもあるようですが、動きや基本的な性格も、全部肉付けしていかなければならないので、コーヒーカップより難度は数百倍高いです。

アジアでは……たとえば、韓国《かんこく》や台湾《たいわん》の術士も式神を使います。名前は違いますけどね。西洋の魔女も、使い魔という名前で持っていますよね。

でも、やはり一から想像するのは難しいし、面倒臭い。そのため、そういう仕事を代々やっている家は、大概、ヴィンテージの式神を使います。親や師匠から譲り受けるんです。そして名前を知り、ケアをする。

ちゃんとご飯を上げて、育てなければなりません。

よく手当の必要がない、呼べば簡単に言うことを聞く存在として式神は描かれますが、そんなに都合よくないんですよ。

ご飯は、神様や仏様へお供えするような供物、水やお酒、お線香の場合もあれば、定期的にある場所に連れて行って、そこにある何か……非実在的な何かですね、そういうものを食べさせてあげたりする。

そして日々、気に掛けて、関係を築き上げていく。

そうしないと式神は育たないし、消えるし、ヘタすると主人に刃向かったりすると聞いています。

ただ、その塩梅《あんばい》は難しい。

私はときどき真顔で「式神使えますか?」とか「持ってますか?」などと訊《き》かれます。

びっくりしてしまうのですが、この問いに真摯に答えるならば、私は式神は使えません。以前、そちら界隈《かいわい》の人にも言われたのですが、動物大好きな人に、式神は不向きなのだそうです。

確かに、もし私の側に式神のようなモノがいたら、甘やかして撫《な》で回しているだけでしょう。ひとりでおつかいに出すなんてできません。

挙げ句、万が一危険な場所に行くとなったら、「だめだめ！　私が行くから、お前はおこたで待っていろー！」とか言って、自分で冬の嵐の中に飛び出すと思います。

なので、特に猫奴隷とか猫下僕とかの言葉を褒め言葉と受け取るタイプには、式神の使役は向きません。彼らは愛玩物《あいがん》でも、家族の一員でもありませんので……。

長々と式神について語りましたが、こういった不思議な、そして、ある種の呪術師にとって欠かせない存在について、少しはわかっていただけたのではないかと思います。

第三章

言霊と結界

言葉の力

○言の葉と言霊

前章ではまるまる一章使って式神についてのお話をしました。

本章では主に、言霊《ことだま》と結界についてお話しします。

まずは言霊についてですが、この「言霊」という単語の意味自体、わかるようで実は非常にわかりづらいものなんですね。

「言」の「霊」と書きますが、これは書き言葉ではありません。声を使ったもの、音声表現です。ただ、私達が普通に喋《しゃべ》っているときの言葉は、言霊ではありません。

言霊の欠片《かけら》ぐらいは入っているかもしれないですが、どちらかと言うと「言《こと》の葉《は》」――言葉の端切れ、さして力のない普通の言葉です。

とはいえ、こういった言の葉も、力を持ってしまう場合があります。

「嘘も百回言えば、真実になる」とか言いますよね。あるいは、何か物事を始めようとする時に「ダメだ」とか「どうせできないよ」とか言うのは、悪い言霊になるから言ってはいけないとの話があります。

これ、一理はあるんですけど、言葉の呪術《じゆじゆつ》かというと、ちょっと違う。

まず大前提として、人間というのは非常に言葉に頼って生きている存在です。

五感の中で、人間が一番頼るのは目、視覚です。見える見えないが、すごく重要視される。そして、次が言葉です。

見える見えないに関しては、霊感のあるなしを「見えるんですか？」という言い方で問いかけますよね。この問いはひとつの典型ですが、でも、見えることイコール霊感があるかと言うと違います。

見えなくてもいいんです、わかれば。

わかればいい。そしてそれが何らかの事実に通じるならば、それが霊感があるということです。

最初から、話が逸《そ》れてしまいますが、どんな人間も勘というものは持っています。

たとえば道を行くときに、どうしてもこの道は通りたくないとか、この場所はなんか気持ち悪いなと思ったりする。それが勘というものです。

ただの思い過ごしの場合もあります。相性もある。自分にとって不快な場所が、他人にとって心地好《ここちよ》い場合もありますからね。

でも、すべてを思い過ごしとする必要はありません。勘の基準は自分にあります。霊が見える見えない同様、わかればいい。確証がなくとも、こういうものは、自分の皮膚感覚が大事になります。

それに従うか従わないか、従わずとも気にするか。それで、人生というものはちょっとずつ変わっていくものなのです。

話を戻しましょう。

さっき言ったように、悪い言葉を口に出すな、とよく言われます。

たとえば、子供なども、可愛い可愛いと言って育てるのと、「お前は本当に馬鹿だね」と言いながら育てる場合では、前者は本当に可愛らしい子になるし、後者はあまり良い成長を遂げないと言われていますよね。

とはいえ、可愛い可愛いと言いながら、殴っていてはしょうがない。馬鹿だねえと言いつつも、笑って抱きしめて頭を撫《な》でれば、それはそれでしょう。

こういった言葉の影響は、話者の態度や行動によって変化します。だから、正確には言葉の呪術ではないわけです。

しかし、これもまた全部が否定できるかというと、そうではない。

呪文になってしまう場合もあります。

映画や漫画の中で、命を賭《か》けた状況に立ち向かっていく誰かが「戻ってきたら、結婚するんだ」なんて言う。そういう人って、作品の中では大概戻ってこないですよね。

本来なら、未来の幸せを思い描いて口にすることは、良い結果を引き寄せるマジナイにもなるはずです。この場合は無事に生還するための「予祝《よしゅく》」――予《あらかじ》め良い結果を口にすることで、それを事実にするマジナイにもなるはずなんです。

けれど、色んな作品で、言った人物が死んでしまう状況が繰り返されると、その手の台詞《せりふ》を聞いた途端、ああ、こいつ死ぬな、死亡フラグ立ったな、と思うじゃないですか。となると、その言葉は負の言葉となって、できればヤバい状況では使いたくない「忌《い》み言葉」になっていくわけです。

これもまた、言葉の力というよりは、前後の状況が加味されてできあがった観念ですね。いわば、その台詞自体がジンクスとして成立してしまったわけです。

もうひとつ。ちょっとたとえが厳しいですが、嫌がらせや虐《いじ》めに遭っている人が、最後のひと言で追い詰められてしまうような話もありますね。

実際、口に出す言葉でなくとも、LINEなどで「死ね」と送られて、それが最後のひと押しになってしまう。

そこに至るまでの経緯ももちろんありますが、そういった単語——たとえば、同じ言葉をラテン語で言った場合はどうなるでしょう。

意味のわからない言葉に力はあるのか、という話です。

加害者から言われれば、深読みもするでしょう。けど、相手もわからなかったら？ 通りすがりに投げかけられたら？

ただの言の葉なら、効果はない。けど、それが死を招く呪文なら、意味がわからずとも効果が出る。

それが言の葉と言霊の一番大きな違いです。

意味のわからない言葉、または聞いても意味の通じない言葉。そういうものが呪文にはたくさんあります。

定型化された文言を唱えることによって、禍《わざわい》を防ぐことができたり、願いを叶《かな》えたりという、何らかの力が生じる。

この手の呪文は、神秘的であればあるほど、効力があると考えられています。なので、日常では使わない古い言葉や、難解な言葉が使われることが多いです。

たとえば、仏教で用いられる真言《しんごん》も、一般の人はほとんど意味がわからないじゃないですか。

聖観音《しょうかんのん》の真言はこれ、不動明王《ふどうみょうおう》ならこれと示されて、ああ、そうですかと復唱するだけですよね。それが悪いという話ではありません。

○わからない言葉

真言というのは、もともとはサンスクリット語なのですが、和製、日本でできた真言もあります。

一例を挙げますと、「天狗呪《てんぐじゅ》」――天狗さんへの真言です。

二種類あります。

①オン・アロマヤ・テング・スマンキ・ソワカ
②オン・ヒラヒラ・ケン・ヒラケンノウ・ソワカ

①の「スマンキ」は「数万騎」を示すとされます。

②の「ヒラヒラ」は天狗さんが翼を使って飛んでいる様子です。

天狗信仰は本来の仏教にはなかったものなので、真言にも日本語が交ざっています。いわゆる和製真言と呼ばれるものですね。

冒頭と末尾の「オン」「ソワカ」はサンスクリット語から来ており、伝来した多くの真言にも付されています。

「オン」はオームの音写で「帰命《きみよう》する」即《すなわ》ち、全身全霊をもって従いますの意味とされますが、神々への呼びかけに用いる記号的な音とされたものです。

結語の「ソワカ」も同じです。訳としては、円満や成就、幸あれ、成就あれの意とされます。

このふたつがあることで、真言としての形が整う。でも、天狗真言は日本オリジナルなので、これをサンスクリット語にしても意味が通らない。

それでも、真言として成立するのが面白い。

似たようなものに、仏教経典冒頭に出てくる「如是我聞《によぜがもん》」という言葉があります。

「このように私は仏から聞いた」という意味ですが、現在伝わる経典の多くは、お釈迦《しやか》様の言葉そのままではありません。

でも、冒頭に「如是我聞」を付けることで、由緒に筋が通るというか、経典として成立するのです。

陰陽道《おんみようどう》や道教の呪文の最後につける「急急如律令《きゆうきゆうによりつりよう》」も同じです。

急急如律令とは、「急ぎ、律令のごとくせよ」の意味です。

律令というのは律令制度の律令、法律のこと。でも、ここで何時代のどの政令？　などと考えなくていいんです。この場合は、「言ったようにしなさい、さっさとしなさい」という意味です。

しかしながら、これもまた言葉の意味以上に、この文言を呪文や符の最後に置くことで、その力が約束される記号として使われています。

私は、「オン」「ソワカ」「如是我聞」「急急如律令」こそが、呪文を言霊たらしめる起爆剤的な力を持っているように感じます。

仏教経典自体、最初はサンスクリット語でできたものが、漢字圏に渡って漢文化され、それが日本に伝わってきているわけです。

真言も、サンスクリットの音に漢字を当てたものが輸入されてきました。それを日本の僧侶《そうりょ》達は漢音や呉音で読んだので、かなり変化しています。

インターネットの動画などにはサンスクリット語で読む般若心経《はんにゃしんぎょう》が音声付きで上がっていますが、それひとつ聞いても、なんだこれは、というくらいに違います。

じゃあ、その真言や経文の意味がわかるような日本語にすればよかったのに、とか思いますよね。けれども、これ、結構、日本人にとってはキツいんですよ。

たとえば、不動明王の真言は、このようなものとされています。

ノウマクサンマンダバーサラダンセンダ　マーカロシャータソワタヤ　ウン　タラタ　カンマン

宗派によって若干音が変わるのですが、大体、こういう感じで唱えます。当然、サンスクリット語ではかなり違う音になります。

そして原典となるサンスクリット語を和訳するとこうなります。

「帰命　あまねき諸金剛に。暴悪なる大憤怒者《だいふんぬしゃ》よ、破壊せよ、フーム、トラット（怒りの聖語）、ハーム（大空よ）、マーム（無我よ）」

トラットやハームなど、（　）付きの言葉は「ソワカ」同様、意味より呪文の役割が強い言葉です。

で、この「暴悪なる大憤怒者」というのが不動明王のことなんですね。

実はお不動様の真言はまだマシなほうで、たとえば降三世明王《ごうさんぜみょうおう》……五大明王のおひとりですが、この方の真言は和訳すると洒落《しゃれ》にならない。

オン　カナカナ　バジラ　ウン　ハッタ

和訳するとこうなります。

「オーム、殺害せよ、殺害せよ、金剛よ」

悪の組織の命令みたいですよね。

もちろん、ここで殺害されるべき対象は魔物達なのですが、それがわかっていたとしても、お坊さんが仏様に向かって、これ言ったら嫌じゃないですか？

日本の仏教はマイルドなので、大体の人がちょっと待って……となると思います。とはいえ、原文がわかる人はダイレクトに意味が取れてしまうわけですから、真言きっつい！となるでしょう。

つまり、真言は仏様だけに意味が通ればいいわけです。

ちなみに真言というのは、一体の仏様に対していくつものバリエーションがあります。例示した降三世明王の真言は、敢《あ》えて怖いものを取り上げました。

ともかく、この例でわかるように、真言は仏様にお願いをする言葉なので、こっちは意味がわからずともいいということになります。ちょっと命令口調ですけれどね。

そういうものが呪文です。

西洋魔術の方でも、呪文はラテン語を用いたりしますね。それも同じです。古い言葉を使う。祝詞《のりと》も古語を用います。

古い言葉を使う理由は、正確なところ、わかっていません。ただ、神仏はすごーく古い存在だから、と聞いたことがあります。これは確かにそうですね。

○言挙げ、事触れ

さて。日本は言霊信仰が強いとよく言われます。

『万葉集《まんようしゅう》』にて、山上憶良《やまのうえのおくら》はこう詠みました。

そらみつ大和の国は　すめがみの厳《いつく》しき国　言霊のさきはふ国

「言霊のさきはふ（さきわう）」とは、言葉に宿った魂が幸いをもたらすという意味です。その根底には、声に出した言葉が現実に影響を与えるといった考えがあります。

この歌自体も呪術、呪歌《じゆか》としての役割を持つものと解釈できます。

日本は言霊のさきわう国だよ、と、有名な歌人である山上憶良が言ったから、なるほどと思って、みんなが言霊を重く見るようになった。そのため、言霊に一層の力が宿った――そういうふうにも受け取れます。

また、昔は積極的に良い言葉を使う以上に、言葉そのものを恐れるという風潮もありました。なので、隠語《いんご》を使ったり、忌み言葉があったりします。

「葦」を「あし」ではなく「よし」と読むのも、そのひとつです。

殊更、言葉に出して言い立てることを「言挙《ことあ》げ」と言いますが、これは結構、重大な作用をもたらすものとされました。

これも『万葉集』、柿本人麻呂《かきのもとのひとまろ》の歌の中に「葦原の瑞穂《みずほ》の国は　神ながら言挙げせぬ国」という一節があります。

言挙げというのは、簡単に言うと、言い切ることですね。

言い切ったことがもし間違えていたら、あっという間に命を取られてしまう。ゆえに、特に神仏に対しての言葉は、慎重であるべしとされました。

例としてよく出るのが、日本武尊《やまとたけるのみこと》の伝説です。

日本武尊は伊吹山《いぶきやま》というところで、山の神であるイノシシに出会うんですけれど、日本武尊はそれを見て「これは神の使いだから帰りに退治しよう」と言挙げをするんです。

でも、実はイノシシは神の使いではなく、神そのものだった。

日本武尊は間違いを言い切ってしまったため、つまり誤った言挙げをしたために、神の祟《たた》りに遭って亡くなってしまう。

間違えてはいけないのが、言挙げです。

逆に、神の託宣などを触れ回ることは、「事触《ことぶ》れ」と言いまして、こちらは声を上げて伝えるものです。

神のお告げには間違いがないので、大声で触れ回る。一方、人間個人の意思表明は、正しいかどうかが曖昧《あいまい》なため、慎重にするという感じです。

先ほどの柿本人麻呂の和歌には続きがありまして、「言挙げせぬ国」と言った後、「然《しか》れども　言挙げぞ　我がする」と続き、歌の最後には「言挙げす　我は　言挙げす　我は」と何度も繰り返します。

この歌は旅立つ人の幸いを祈り、また絶対に再会できる、と、言い切る歌なんですね。言挙げの危険を覚悟してまで歌うという、非常に情熱的な意思表明です。

そうやって、言葉を口にすること自体に覚悟して生きていくというのが、古代の言霊の一側面だったようです。

……ま、正直、わからない部分もあります。多分、古代でも普通の人達は普通に喋っていたと思うので。

ただ、和歌ですとか、神に対する言葉などに対しては、すごく敏感だったのでしょう。

和歌に関しては、紀貫之《きのつらゆき》が「古今集仮名序《こきんしゅうかなじょ》」という文章の中で「力をも入れずして天地《あめつち》を動かし　目に見えぬ鬼神をもあはれと思はせ」――そういう力が和歌にはあると記しています。

大袈裟《おおげさ》に思えますが、昔の人は文章の力というものをすごく重んじていました。

実際、優れた和歌を作れる人が出世したりしています。これは単に浮世離れした貴族達が遊芸で官位を与え、与えられたというものではないと、私は思います。

当時、庶民は文字をよく知らない。その中で漢文ができ、漢詩が読め、和歌なども詠めたりするというのは、ある意味、特殊能力者なんですよ。まさに言霊の力の強い人々です。

なので、そういう力、神を動かす力を持つ人が評価されました。

たとえば、雨乞《あまご》いの和歌――小野小町《おののこまち》が詠んだという有名な歌がありますね。

千早ふる　神もみまさば　立ちさはぎ　天のとがはの樋口あけたまへ

そして、源 実朝《みなもとのさねとも》の雨を止める歌。

時により　すぐれば民の嘆きなり　八大龍王　雨やめたまへ

まさに紀貫之が言ったように、優れた歌には天地、あめつちを動かす力があるとされたのです。

これは時代が下ると「呪歌」――和歌の形を使った呪文となり、泥棒除《よ》けの呪歌や火伏せの呪歌などが出てくるようになります。

単純に歌と言うならば、初めにお話しした『てるてる坊主』の歌、あれも呪歌のひとつですね。

このあたりの話はいくらでも事例があるのですが、学校の授業のようであまり面白くないでしょう。

なので、ちょっと目先を変えて、この言霊と重要な関わりを持つ夢についてお話ししましょう。

夢

○寝言の禁忌

夢というのは東西を問わず、非常に呪術的な世界や異世界に通じるものとされています。要するに、夢はもうひとつの現実であり、異界なんですね。そのため、夢は慎重に取り扱わねばならないとされています。

ですので、誰かが寝ぼけて夢の中の言葉を口にする「寝言《ねごと》」。その寝言に応答してはいけないと、そういう禁忌があります。

たとえば、寝言で「アイスクリームが食べたい」と言って、隣で起きていた人が「今ないよ」とか「真冬なのに？」とか応答してしまうと、異界である夢と現実が交錯してしまうことになります。

夢の中では、アイスクリームの入った冷蔵庫を目の前にしているかもしれないし、夏かもしれない。そういう状況に、現実は基本的に干渉してはいけないんです。

アイスクリーム程度ならともかく、場合によっては危険が伴います。

今はあまり聞かなくなりましたが、昔は、寝言に答えると、寝ている人は気が触れるとまで言われていました。

もちろん、うなされて「助けてくれ」みたいなことを言った時は、茶化さずに起こしてあげる――現実に戻してあげてくださいね。

ともあれ、呪術・オカルトの世界において、夢は大きな意味を持ちます。

なので、夢に関する呪術はいくつもあるんです。

○明晰夢と託宣

夢解き、夢違《ゆめたが》え、夢買いがその代表です。また、最近オカルト界隈《かいわい》では、明晰夢《めいせきむ》を見る方法を教える人がよくいます。

明晰夢というのは、夢の中で、夢を見ていることを自覚することです。そしてオカルティストはじめ、明晰夢に慣れている人は、夢の世界に積極的に介入していきます。

夢ですから、欲しいものも手に入るし、夢の状況が悪ければ、意識で改変できる。遊びとして空を飛んだりね。

この明晰夢を呪術師が行う場合、現実にも反映されるとしています。

一九七〇年代から八〇年代、ニューエイジ系のオカルティズムが流行《はや》ったときに、カルロス・カスタネダという人の本が大流行しました。

オカルトとしての明晰夢の活用は、いまだ、その本に影響されている部分があると思います。

カスタネダは、メキシコ・ヤキ族の呪術師、ドン・ファンと呼ばれる人のもとで修行をしたとされていて、著作の中で、様々な方法を用いた意識の変容体験を記しています。

当時は一大ムーブメントを引き起こしましたが、カスタネダが人前に出てこなかったことから、ドン・ファンは彼の想像上の人物だとか、カスタネダ自身が存在しないのだとか色々言われています。でも、このジャンルが好きな人ならば、本そのものは面白いですよ。

そのシリーズの中に、明晰夢のクエストがあります。

カスタネダは夢と現実を往き来して冒険をし、呪術師としての力を鍛えていくわけです。

ただ、これは呪術のプロを目指すための修行として記されたものです。

私達一般人は、特に日本の事例を見る限り、明晰夢という形では夢に介入しません。

夢は目に見えない存在、つまり神仏などからのお告げだと見做《みな》された面があるからです。

夢をご神託として捉《とら》える場合は、介入してはいけないんですね。意味が変わってしまうので、結果、お告げがうまく受け取れなくなってしまいます。

なので、もし悪い夢を見たら、起きてからじっくり考えて、現実の中でその対処法を練る、または気をつけて覚悟をして暮らしていく。それがご神託としての夢の扱い方です。

そうやって、現実に持ち帰ってきた夢の扱いには、すごく言葉が影響を持ちます。

よく言われるのは、

「悪い夢は人に語れ。良い夢は人に語るな」

ということです。

悪い夢は、みんなに言って広めてしまうことで、その力を削《そ》ぐ、希釈してしまうんです。

でも、良い夢は自分の心の中に閉じ込めて、それを実現させる。

でも、喋りたくなる人もいますよね。そういうときは三日黙っていろ、とも言われます。

人に話すことに慎重になる理由は、もし良いと思った夢を人に語って「いや、それは悪い夢だよ」と言われてしまうと、本当にそれが悪い夢になってしまうからです。

つまり、夢よりも言葉のほうが強いと考えられているんです。

逆に悪い夢だと思って人に語り、「それって良い夢なんじゃない?」と言われれば、悪夢は解けるんですよ。

それほどに言葉というものは、夢に介入する力が大きい。

言葉の影響を記した有名な話が『宇治拾遺物語《うじしゆういものがたり》』の中にある伴大納言《ばんだいなごん》のエピソードです。

——のち の伴大納言、即ち伴善男《とものよしお》が佐渡国《さどのくに》の郡司《ぐんじ》の下仕えだった頃、彼は西大寺《さいだい》と東大寺《とうだい》に跨《また》って立った夢を見ました。このことを妻に話すと、妻は「貴方《あなた》の股《また》が裂かれるのでしょう」と言います。彼は怖くなって、主人の郡司のところに出かけていきます。

この郡司は人相見を得意としており、善男を見ると、日頃はそんなこともしないのに、ご馳走《ちそう》を出してもてなして、上座に招きました。

善男は「自分を騙《だま》して座らせ、妻が言ったように股を裂こうとするのか」と戦《おのの》きますが、郡司はこう言います。

「お前はこの上なく高い地位に昇る夢を見た。なのに、つまらない人に夢を話してしまった。お前は必ず高い地位に昇るだろうが、事件が起きて、その罪を被《こうむ》ることになるぞ」

後年、彼は京都に上り、まさに大納言まで出世しますが、やはり、罪を被ることになってしまいました。

妻の言葉によって、吉夢が台無しになったという話ですが、この話は妻の言葉と郡司の言葉という、二重の呪いを描いたものでもあります。

もし、郡司が「素晴らしい吉夢を見たね！　ケチをつけられたようだけど、気にしなくていいよ」程度に言っていたら、罪を被る――応天門《おうてん》に放火したと密告されて、流罪になるのですが――ここまではならなかったかもしれません。

夢は予知や神託としての力を持ちますが、言葉よりは弱いんです。

そして言葉は、時には武器にもなりますが、呪術的なものとして口にしたときは、取り返しのつかないことも招きます。

なので、どちらも慎重に扱うべきですね。

○夢の呪術

もうひとつ。

夢に関係する説話で、本格的な呪術が書いてある話がありますので、ご紹介したいと思います。

やはり『宇治拾遺物語』の中にある話です。

昔、備中国《びっちゅうのくに》に郡司がいて、その息子に「ひきのまき人《ひと》」という人がいました。

まき人がまだ若かった時、夢占いをする女性の許《もと》に行きました。当時は夢を解くことを仕事とする女性がいたのです。

そこで占いをしてもらった後、雑談していると、大勢の人々が話をしながらやって来るのに気がつきました。

人々の中には国守の長男もいて、「ここが夢占いの女の家か」と入ってくる様子を見せました。

まき人は奥の部屋に入って、穴から様子を覗《のぞ》いていました。

長男が「こういう夢を見た。吉か凶か」と女に問うと、女はそれを聞いて、「大層、素晴らしい夢を御覧になりましたね。必ず大臣にまで昇進なさるはずです。返す返すも、めでたいものを御覧になりました。決して決して、他人にお話ししてはいけませんよ」と言いました。

――『宇治拾遺物語』は鎌倉《かまくら》時代《じ》前期《だい》に成立しましたが、この時代、既に吉夢は人に語るなということが言われていたわけです。

国守の息子は喜んで、着物を脱いで、女に与えて帰って行きました。着物を与えるというのは、当時の支払い方法のひとつです。

国守の息子が帰った後、まき人は部屋から出て、女にこう言います。

「夢を取るという事があるそうだな。あの夢を私に取らせてくれ。国守は任期の四年が過ぎれば京に上る。だが、私は地元の人間なので、いつまでもここにいる。その上、私は郡司の子だ。私を大事に思ったほうがいいぞ」

まき人の言葉に、女は頷《うなず》きます。

「仰《おつしや》るとおりに致しましょう。では」

――ここからが呪術になります。

「では、先ほどいらっしゃった若君のようにお入りになって、若君の語られた夢を少しも違《たが》わず、私にお話しください」

まき人は言われたとおり、国守の息子の様子を真似て家に入り、同じ夢の話をしました。女はそれに対して、同じ答えを返します。まき人は着物を脱いで、女に与えて立ち去りました。

そののち、まき人は大臣にまで出世しましたが、夢を取られた備中守《びつちゆうのかみ》の息子は官職も無いまま終わってしまいました。

話の最後は、こう締めくくられています。

「夢を取るというのは、いかにも恐ろしい事である。だから、夢は人に聞かせてはならないものだと言い伝えているのである」

記してあるのは、夢そのものというより、運をすり替える呪法ですね。

なぞらえる、上書きする、トレースする。

ときどき、意識や運を向上させる方法に、尊敬する人の真似をする、と記されている本がありますが、あれ、実は効くんですよ。

まき人の話は、そのパターンのひとつです。

呪術的には、まき人が脱いで与える衣は、国守の息子よりちょっとだけ……逸脱しない程度に良い衣でも良かったと思います。

彼の運から逸れない程度に上を行く、それで夢を買うわけです。

ちなみに「ひきのまき人」は、吉備真備《きびのまきび》を指すとされています。

吉備真備は『江談抄《ごうだんしょう》』の影響で、呪術師・陰陽師として認識された貴族です。

その名声にあやかってか、吉備真備が作ったという夢違えの和歌、即ち悪夢を見たときに唱える災い除けの呪歌が残っています。

　あらちをの　かるやのさきに　たつしかも　ちがへをすれば　ちがふとぞきく

立派な猟師が番《つが》える狩りの矢の先に立つ鹿も、「ちがへ」をすれば矢は外れると聞いている、という意味です。

『宇治拾遺物語』のエピソードが影響しているのかもしれませんが、吉備真備は夢を操る達者とみなされた面があるようですね。

○運の売り買い

『宇治拾遺物語』の話には現代に通じる大事なこと、怖い話も含まれています。

この占い師、まき人に夢を取らせますよね？

実はこういった運の売り買いは、夢に限らず、今、この世の中にいる占い師や霊能者の間でも行われているんです。

特に東南アジア圏。

私達が何か相談があったり、あるいは遊び感覚で占い師のもとを訪れたとします。

占い師は私達を迎えて、「はい、では、生年月日を紙に書いてください。ああ、なるほど。素晴らしい運勢ですね」などと言って鑑定を終えます。

注意して欲しいのは、その後です。

何度も行く顧客ではなく、一度きりの場所なら特に、帰り際、自筆で生年月日などを書いた紙を必ず回収してください。

置いていってはダメです。彼らは……もちろん、ごく稀《まれ》ではありますが、自筆という「気」の残るもの、そして、生年月日という運を示すものを手懸かりに……それが良い運を持つ人のものであればあるほど、別の人に高額で売りつけます。そして、買った人のショボい運とあなたの運を取り替えます。

効果の有無はともかく、これは本当に呪術として行われていることです。

幸いにして、日本での事例はまだ聞いたことがないですが、私は疑っているところがあります。

なので、何もなければそれでいいので、日本でも鑑定用紙は持ち帰るようにしてください。抵抗する人は信用できない。

呪術師はただのお話ではなく、リアルに存在する人達なので、気をつけてくださいね。

結界

○言葉の結界

結界も式神同様、物語にはよく出てくる言葉ですね。

結界は言霊よりは、もうちょっと派手ですが、言葉の話はまだ続きます。


言霊の話を先にしたのは、言葉が結界にも使えるからです。

さきほど、古い言葉、通常とは違う言語が呪文となる、と言いましたよね。

その古語を使った祝詞、その中にも、これ、結界を作ってるんだよね？　というようなものがいくつかあります。

ひとつは「一切成就の祓《いっさいじょうじゅのはらえ》」と呼ばれる祝詞。

もうひとつは「祈年祭《としごいのまつり》」というものです。ちょっと見てみましょう。

「一切成就の祓」

極めて汚きも滞《たま》りなければ　穢《きたな》きはあらじ　内外《うちと》の玉垣清浄《たまがききよしきよし》と申す

短い祝詞ですが、結構、力のあるものと言われています。

後半の「内外の玉垣清浄と申す」の部分は、玉垣の内と外、または二重の結界を周囲に張り巡らせている、という感じになります。

そして、その内側は清浄である、と宣言します。

これを結界の呪文として用いる場合は、式神の作り方でやったイメージ、視覚化を用いるといいでしょう。

自分の身の回り、または対象となる範囲を囲うように清浄な玉垣をイメージするんです。「極めて汚きも滞りなければ」を想像すると、流れる清水の上に立つ結界のような感じになりますでしょうか。美しいですね。

もうひとつの「祈年祭」というのは、春に、その年の豊作を神に祈る祭りです。陰暦二月四日に行われますが、その祭りのときに読まれる祝詞が以下です。

実際はもっと長いのですが、ここでは抜粋を載せておきます。

「祈年祭」（抜粋）

　櫛磐間門命《くしいはまとのみこと》豊磐間門命《とよいはまとのみこと》と　御名《みな》は白《まを》して　辞竟《ことをへ》奉《まつ》らくは四方《よも》の御門《みかど》に湯津磐村《ゆついはむら》の
如《ごと》く塞《さや》り坐《ま》して　朝《あした》には御門《みかど》を開き奉《まつ》り　夕《ゆふべ》には御門を閉《た》て奉りて　疎《うと》ぶる物《もの》の
下より往《ゆ》かば下を守り　上より往かば上を守り　夜《よ》の守《まもり》日の守に守り奉《まつ》るが故《ゆゑ》に
皇御孫命《すめみまのみこと》の宇豆《うづ》の幣帛《みてぐら》を　称辞竟《たたへごとを》へ奉《まつ》らく

素晴らしい祝詞です。

櫛磐間門命、豊磐間門命というのは、家の門や玄関を守る神様です。それらが四方を岩のごとく守り、朝夕に門の開閉をして、そしてもし「疎ぶる物」……魔物や邪気が入ろうとするときはガードする。

「下より往かば下を守り　上より往かば上を守り　夜の守日の守に守り奉る」という、この一文、ほんと格好いい！　と私は思っています。

これもまた、イメージ次第で結界の呪術として使えます。

ただ、祝詞で視覚化する結界は難しいかもしれません。

もっと簡単に、言葉で作れる結界もあります。

皆さん、お正月の初夢のとき、吉夢が見られるように、宝船の絵を枕の下に敷くという話を聞いたことはないでしょうか。

この絵には、こういう言葉が書いてあります。

「長き夜の遠の眠りの皆目覚め　波乗り船の音のよきかな」

これは呪歌としての和歌ですが、実はこの言葉は回文になっています。上から読んでも下から読んでも同じです。

なので、右の和歌を口に出すときは「ながきよの」とせず、「なかきよの」と、ほとんどを清音で読みます。

なかきよのとをのねぶりのみなめさめなみのりぶねのをとのよきかな

上下どちらから読んでも同じ言葉になる回文は、最初と最後の一音を繋《つな》げることで、終わりのない言葉となります。

切れ目、継ぎ目のないものは、魔の侵入を許しません。

たとえば、宝船のこの回文を枕の下に敷くだけではなく、口に出して唱えるんです。

「なかきよのとをのねぶりのみなめさめなみのりぶねのをとのよきかなかきよのとおの……」という感じです。

イメージの力も使います。この言葉を唱えながら、自分の布団の周り、ベッドの周りを、ぐるっとその言葉が囲むようにイメージする。

それで、言葉の結界が張れます。

似た作用を持つものとして、しりとりがあります。

本当に怖いときとか、たとえば旅先で、この部屋まずいなと感じたときに、同行者としりとりをするんです。

それで、自分達の周囲を囲い込む。

このマジナイは強いので、視覚化は必要ありません。で、大丈夫だなと思ったら、最後に「ん」で止めればいいんです。

これはひとりでも、数人でもできます。機会があったら、試してみてください。

まあ、ひとりでベッドの上に座ってしりとりをしている、その状況自体が怖いとも言えますが、お奨《すす》めと言えばお奨めです。

でも、しりとりのようなマジナイは、効くと言っても、知識を持っていても、実際にやる人は少ないんですよね。

なぜかというと、ありきたりで大したことではないように思うからです。

呪術というと、大袈裟な道具立てや作法があり、呪文を唱えて、秘密裏に代々伝わる儀式で……という印象を持つ人が多いんじゃないでしょうか。

確かに、そういう方法もあります。けれど、一番初めに言ったように、求められるのは結果が出るかどうかです。

即時性が求められる場合、たとえば向こうから魔物がやってきて、逃げなければならないというそのときに、面倒な魔法陣を描いたり、長い呪文を唱えている時間はないですよ。

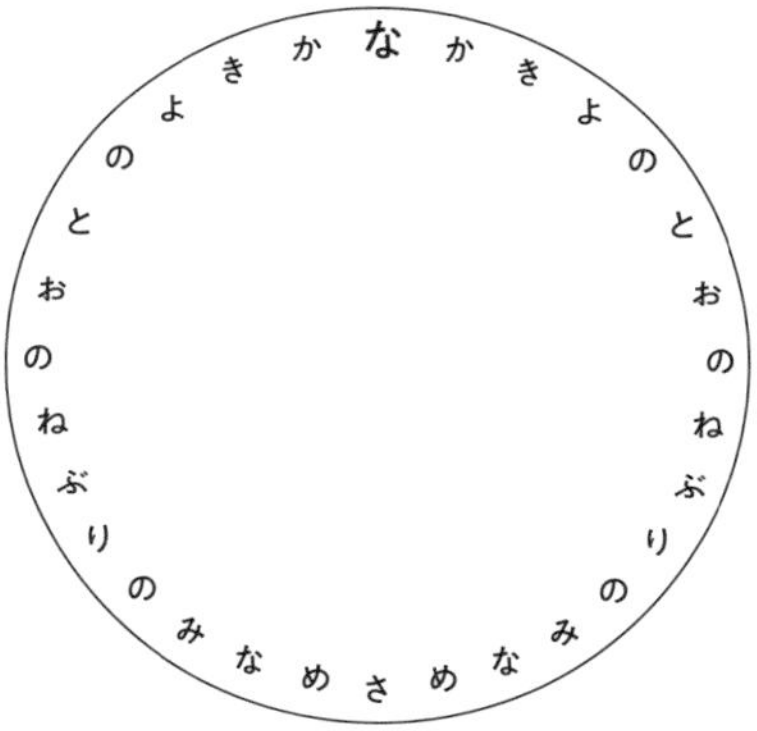

宝船　回文

そういう手の込んだ方法は、予め対象や目的が決まっていて、準備期間が取れるときに行うものです。

だから、そういった話にときどき「物理攻撃のほうが早い」なんて話が出てくるわけです。もちろん、物理攻撃も効くなら否定は致しませんが。

先に、難解な言葉や古い言葉が、呪文として効果が高いと言いました。しかし、では、一見、たわいなく思える術が効かないかというと、それはそれでちょっと違うんです。

難しい呪文が、口からすらすら出てくる人はいいですよ。でも、そんな人ばかりじゃないでしょう。

そういうときに誰にでもでき、ある程度の効果が期待できる呪文や術は、使い勝手が非常にいい。

しりとりなんて、そんなんでいいの？　という意見も出ますがね。

やってみもしないでわかるわけない！　ということです。

○隠身

さて。結界における大きな目的のひとつは、魔物から姿を隠すこと、見えなくなることです。

旧ソ連にて一九六七年に作られた『妖婆《ようば》 死棺《しかん》の呪い』という映画をご存じでしょうか。

原題は『ヴィー（ВИЙ）』、古典的なホラーの名作です。

ごく簡単に筋を紹介しますと、神学生のホマーが亡くなった若い娘を供養するため、三日三晩、教会で祈禱をすることになります。ところが、その娘は実は魔女でして、毎晩起き上がってはホマーを取り殺そうとする、という話です。

襲ってくる魔女と、その仲間の妖魔から身を守るため、ホマーはチョークで床に円を描いて内側に入り、聖書を読み続けることで魔物から身を守ります。

この円の中にいる限り、魔物には彼が見えないんですね。そのため、攻撃されないという設定です。

最終的には見つかってしまうんですけれど……私、この映画を最初に見たのは小学生の頃だったのですが……ああ、この結界はあの魔物には効かないのか！　と、本当にびっくりして怖かったです。

ホマーが描くのは、魔法陣のような複雑なものではなく、ただの円です。急場を凌《しの》ぐため、普通の円を描いたのですが、円もまた終わりのない図形です。なので、効果は期待できます。

この映画は結界の目的のひとつである、身を隠すこと――「隠身《おんしん》」を描いたものとも言えるでしょう。

実は数ある呪術のうち、最強とされるのが「隠身」なんですね。

相手から自分が見えなくなれば、攻撃も防御も完璧《かんぺき》。やりたい放題です。

結界には自分が中に入るものと、結界内の対象の行動を制限するもの、そして、そのふたつに共通する役割として、世界を分ける壁としての機能があります。

ちなみに西欧の魔法陣は「召喚」が多い印象ですね。悪魔を召喚するための魔法陣など、映画やドラマで見たことのある人もいるでしょう。

「召喚」の魔法陣は人外のモノを中に留《とど》めて、こちらが自由に動けるものです。そういう意味では、壁としての結界機能も兼ねています。

でも、本格魔術で描かれる図形は複雑です。急場のときには間に合いません。だから『妖婆　死棺の呪い』では、とっさの防御策としてチョークで円を描いたんです。

○日本の結界

日本の結界は少し違います。

茶道を習っている方は、結界という言葉を耳にしたことがあると思います。

お茶室のある庭に入って道を進むと、脇道の真ん中に紐《ひも》を結んだ石が置いてあることがありますね。「止め石」「関守石」とも呼ばれますが、あの石は結界とされています。

この先に行ってはいけないという印でして、行くべき道をリードしてくれるものです。

また、お茶室で席に着いたとき、まず最初に扇子を自分の前に置いて挨拶《あいさつ》をして、その後、自分の背中側に回しますが、あれもまた結界を表す作法です。

最初、扇子を前に置いたとき、自分はそのお茶席の外側にいます。つまり、扇子の先の空間が、お茶席の場となるわけです。その空間に加わるために、扇子を後ろ、背中の側に回す。


そうすることで、場の境界は背中にまで広がって、自分も席に加わる、つまり結界の内側に入るという意味になるのです。


こじつけではありません。実際、茶道ではそういう意味づけがなされています。

茶道は非常に陰陽道の影響を強く受けておりまして、畳の目や手順の数など、陰と陽の数を多用しています。なかなか面白いので、お勉強している方は先生に伺ってみてください。

その他、普通に道を歩いていて見る結界で、一番馴染《なじ》みがあるのは、神社の鳥居、そしてそこに掛かっている注連縄《しめなわ》です。

茶道の結界もそうですが、空間における日本の結界は、周囲に塀がなく、地面に線もない。スカスカなのが特徴です。

でも、定まった場所を通る、または手順を踏むと、その内側に入れるという、ある意味、高度な作りになっています。

神社も鳥居から入らないと、観念的な意味での境内には入れません。少し敏感な人なら、空気が全然違うのがわかると思います。

また、鳥居が二カ所ある場合、どちらから入るかで雰囲気が変わる場合もあります。どちらが良いというのは、決められません。人それぞれです。でも、鳥居のある場所で、鳥居以外から入るのはやめたほうがいい。参拝の意味がなくなります。

入る鳥居によって如実に空気が変わるのは、東京では新宿《しんじゅく》の花園神社《はなぞのじんじゃ》です。南から入るか東から入るかで、全然雰囲気が変わります。ここはわかりやすいので、お近くの方は試してみてください。

空気の違いを知りたい場合は、南から入ったら南から出る、東から入ったら東から出るのがお奨めです。もちろん普通の参拝の場合は、この限りではありません。鳥居を潜ればオーケーです。

注連縄の内側は、神聖な神の居場所とされています。

たとえば、ご神木にも注連縄がありますよね。これも木を神様として祀《まつ》ったもの、神聖である印として注連縄が掛けられています。

しかし『古事記《こじき》』などを読むと、本来の注連縄の機能はちょっと違うようです。

勧請縄（伊賀市） 撮影：下村友恵

有名な天石屋戸《あめのいわやと》の話がありますよね。天照大神《あまてらすおおみかみ》が石屋戸に籠《こ》もってしまい、辺りは真っ暗になってしまった。それを神々が引き出すという話です。

あの話をよく読むと、天照大神を引き出した後、石屋戸の入り口に注連縄を張っているんですね。天照大神が二度と石屋戸に籠もらないようにするため、注連縄を張る。

つまり、本来の注連縄というのは、区切ってある区画の内を守るだけではないということです。

不可侵を約束する空間を作るもの。実はそこに聖俗・正邪は関係ない。

村境などに、注連縄が掛けられる場合もあります。

「勧請縄《かんじょうなわ》」「道切り」と呼ばれ、集落内に不浄なものや邪悪なものが入り込まないようにするためのものです。

集落から見て、勧請縄の内側を清浄に保つためのものですが、たとえば、村人の中に悪人がいても、勧請縄には関係ない。外から来るものだけに機能します。

つまり、注連縄は境界領域を表すもので、役割は内外を隔てるだけということです。そこが聖俗を分ける鳥居とは異なるのです。


方法として楽な結界は、物理的に四方全部に塀を作って、閉じこもってしまうことです。コロナウイルスから逃れるため、我々はパンデミックの初期に「ステイホーム」を推奨されましたよね。疫神から逃れるには、実際、最適な方法でした。出入りはないほうがいい。外界との接触も断ったほうがいい。

まあ、出入り口のない箱の中に閉じこもるのは現実的ではないですが、安全と言えば、一番安全なんですよ。

祇園祭《ぎおんまつり》の厄除粽《ちまき》をはじめ、祭礼で頂くお札のいくつかは、玄関口に飾ります。あれは外界に通じる玄関が、一番危険だからです。

しかしですね、先程、高度な結界といいましたが、一番高度なものは鳥居以上の、まったく自由な場所に張られた結界です。

物質を使わない――完全な呪術の話ですが、こういう結界は空間の内外を自由に歩き回れつつ、それでいながら完璧な目くらましを掛けてある、または邪気などの悪いものだけの侵入を許さないという構造になっています。

日本では、そんな最高の結界が張ってある、と噂されている場所がふたつあります。

現在の名称は伏せますが、ひとつは昔、徳川《とくがわ》家の将軍がいたお城です。そこと、今も弘法大師がいらっしゃるとされている場所。そのふたつ。

勘を研ぎ澄ませて、歩いてみてください。

○結界を切る

「結界を張る」の反対は「結界を切る」となりますね。

ひとつ、わかりやすくも奥深い例をご紹介します。

「富士山開山前夜祭《ふじさんかいざんぜんやさい》」です。

名の通り、富士山の山開き前日に行う儀式です。場所は、山梨県富士吉田市《ふじよしだし》にある北口《きたぐち》本宮富士浅間神社《ほんぐうふじせんげんじんじゃ》。境内から始まる登山道の、手前にある鳥居で儀式は行われます。

この登山道は一般的に、五合目より上を吉田《よしだ》ルートと呼び、富士登山で一番人気の道です。

一般登山客のほとんどは五合目から登りますが、北口本宮冨士浅間神社の鳥居は、その道の入り口に建っています。吉田ルートは本来、富士講の行者さん達が使う信仰の道なんですね。

その道を「開く」儀式が「富士山開山前夜祭」です。

祭りのときには予め、人の腰辺りのところに注連縄が張られています。それを天手力男命《あめのたぢからおのみこと》が木槌《きづち》で断ち切り、これをもって開山とします。

儀式自体は短時間で、仰々しい動作もありません。なので、大したことをしていないようにも見えますが、これ、すごいことなんですよ。

正真正銘の「結界切り」です。

毎年、夏になると、各地では山開きが行われますね。海開きもあります。富士山に限らず、そのとき、なんらかの神事を行うところがあります。

一般的には、登山や海水浴で事故が起きないように祈願する、と説明されてますが……間違いではないのですが、それは本質ではありません。

「山を開く」というのは、まさに扉を開けること、山の中に入っていく許可を得ることです。

日本の多くの山は、異界・他界であり、山自体が神であると言われています。そんな神としての山の中に入るための許可を得る行事が、山開きです。

先ほどの鳥居の話と、少し似ていると思います。

鳥居から入るか入らないかで、境内の様子、空気が違う。それと同じで、山が開かれているか開かれていないかによって、山そのものの表情、気配が変わるんです。

そのことを知っているから、富士講の行者さん達は、山が開かれている間しか、富士山には登りません。閉じられている時に登っても、神霊的なものへのアクセスはできないとされているからです。

奈良の大峯山《おおみねさん》なども同じです。

あそこの山伏さん達は「女人結界」と書かれた門を通って修行、奥駆けをします。「女人結界」の先は女性が入ってはいけません。これは差別にも通じるということで、今、色々物議を醸していますね。

そのため、反発を覚えた女性とか、または普通のハイカーなども、実は、結構、大峯山に入っていると聞いています。そして、ヘタすると、修行中の山伏さん達と遭遇する。

これは富士山も同じですね。富士講の行者さん達も、沢山の観光客と同じ時期に、同じ山に登っています。

でも、行者さん達は、行を邪魔されない限りは構わないんです。

なぜかと言うと、普通の登山者は結界の外から入ってきている。つまり同じ山にいても、位相が違うからです。

普通の登山者は、普通の山を楽しむ人です。行者さん達は儀式と正式な手続きを経て、結界の内側に入り、神としての山と対話します。

SFに出てくるパラレルワールドや、多次元世界を考えるとわかりやすいと思います。もっとも、私は行者ではないので、その感覚を実感したことはありません。けど、そういうことなのだと聞きました。

ちなみに、今は大峯の修験も富士講も、女性を受け入れていますので、ご安心ください。

ともかく山開き、山を開くというのは大きな意味を持っているということです。

改めて言いますと、「富士山開山前夜祭」にて鳥居に張られている注連縄は、本来は山が閉じている間、見えないながらもずっと張られているものです。

それを山開きの時に可視化して、天手力男命が切る。そこで初めて、山の神が人間を受け入れる態勢が整うんです。

人を受け入れてくれる山になるから、安全祈願にも通じるわけです。

古い話に遡《さかのぼ》りますと、信仰の山では、開山に宗教者の名前が出ますよね。

関東近県ですと、日光《にっこう》の男体山《なんたいさん》は勝道上人《しょうどうしょうにん》が開山したと伝わっています。高野山《こうやさん》なら弘法大師《こうぼうだいし》が開山、比叡山《ひえいざん》なら最澄《さいちょう》、伝教大師《でんぎょうだいし》です。

この「開山」も「山開き」と意味は同じです。

今まで、その山は人を受け入れない荒ぶるものだった。それを修行者、宗教者が「ここで修行させてください、人を受け入れてください」と、神仏と交渉して山を開く。それが宗教的な開山です。

単に登山ルートを作ったとか整備したとか、お堂を建てたとか、そういうものとは根本的に異なります。

今、この本を読んでらっしゃる方は、呪術や信仰に興味のある方だと思います。その中で登山が趣味の方がいらっしゃいましたら、きちんと山開きがされた後に、登山道に通じる鳥居を潜って、信仰的な山を登ってみてください。

景色が少し、違って見えるかもしれません。

○水の結界

さて。この見えない注連縄、あるいは鳥居を潜る潜らない、そして先程お話ししました

「しりとり」の結界。

　このあたりでまた、イメージ・視覚化という話が出てきました。

　式神のところでもお話ししましたように、視覚化は呪術のひとつの要《かなめ》です。結界もそれを使います。

　では、実践としてどうやるか。

　複雑な魔法陣を描くのは、私達素人には難しいし、急場の時には間に合いません。

　また、儀式魔術は神を後ろ盾に持たねば成立しない上、手順が非常に大切です。なので、複雑な魔法陣を素早く描けるだけでは意味がないし、ヘタすると大変なことが起こってしまう。結構、リスクが高いです。

　そこで、簡単にできる方法をお伝えします。

　塩か水、次点でお米、餅米《もちごめ》を使うことです。場合によっては、お酒も使えます。

　全部、手軽に入手できるものばかりですね。そして汎用《はんよう》性が高く、大概の物はキッチンに揃っているはずです。

「キッチンは武器庫」

　この言葉、覚えておいてください。

　結界には使わずとも、魔除けに用いられる物として、塩・米・酒のほか、唐辛子、小豆《あずき》、大豆、道具では包丁、鋏《はさみ》、笊《ざる》など沢山揃っています。

なので、何か心霊的に怖いことが起きたなら、まずキッチンに走ってください。キッチンに揃っている武器の中、結界を張るのに使いやすいのは塩と水です。

但《ただ》し、塩は場所によっては人の迷惑になったり、山の中だと植物を枯らしてしまったりします。大体、普通の人はポケットに塩を常備していないじゃないですか。

なので、私の一番のおすすめは水です。怪我をしたときの消毒や災害時にも使えますので、バッグの中にペットボトルを一本入れておきましょう。

水は結構、強いんですよ。

自分の体験になりますが、以前、取材先で図らずも水の結界を張ったことがあります。夕暮れ、人気《ひとけ》のない、細い道でのことでした。先の空気が突然変わって、ナニカが迫ってくる感じがしたんです。慌てて踵《きびす》を返したのですが、追いかけてくる気配がある。そこでペットボトルの水を出し、道の端から端まで水をだーっと撒《ま》きました。そして、振り向かずに逃げたんです。

あの時はもう、一種の本能みたいな感じでしたが、後で考えると確実に「進入禁止」の結界を張っていたわけです。おかしな気配はそれ以上、追って来ることはなかったです。

まさに水の結界ですね。

気のせいと言われればそれまでですが、自分としてはうまくやったと思ってます。

撒いた水に切れ目があったら、多分、駄目だったでしょう。焦ってはいましたが、切れ目がなかったから、助かったんだと思っています。

ただ、水の結界は暫《しばら》くすると、乾いて消えてしまいます。なので、一時凌ぎにしかなりません。

また、もしあの時、雨が降っていたら使えなかったと思います。雨だったら、どうなっていたのか。それは今となってはわかりません。

まあ、そういうわけなので、現実的な備えのみならず、心霊的な災害除けとしても、ペットボトルの水を一本持っているといいと思います。

それから、今の話にも出てきましたが、まずいと思ったときはまず、逃げてください。振り向かずに逃げるんです。立ち向かおうなんて、思わないほうがいいですよ。


水の結界は風水の話にも繋《つな》がります。

古い都市では、とても沢山使われています。

江戸城《えどじょう》では、城を中心に時計回りで堀が作られ、自然の川、海に接続します。

これは、結界の節の最初にお話しした祝詞「一切成就の祓」にも通じます。

「極めて汚きも滞りなければ　穢きはあらじ」

流れのあるきれいな水は、とても強い。

そして、川は干上がらない限り、雨が降っても機能します。

大阪も水の結界ですね。お堀がきちんとしてあるところは大概、水を利用します。

城造りでいわれる「縄張り」という言葉は、風水によって結界を張るという意味でもあるのです。

ちなみに京都は土地自体が四神相応となっていて、それを拠《よ》り所としています。奈良は石だと言われています。

結界は、実は目に見える形でそこここにあるのです。

物語に出てくるような派手な仕掛けではないので、つまらなく感じる人もいるかもしれません。

でも、わかると面白い。

結界を探して町を歩くなんて、ちょっとワクワクしませんか。

第四章

様々なマジナイ

考え方の基本

○ライフハックとしてのマジナイ

改めて具体的なマジナイ・呪術について、お話ししようと思います。

ただ、残念ながら、今までに語り、過去、本に記してきたような内容と被《かぶ》ってしまう箇所が沢山あります。

でも、これは仕方のないことです。

資料に基づいてお話ししていますので、どうしても、ある目的に用いる方法は同じものになってしまいます。

むしろ、毎回違っていたらおかしい、という話ですね。

ただ、その中でもちょっと深く掘り下げてみたりとか、またはこういうやり方もあるんだよというバリエーション、そういうものをお伝えできればいいなと思ってます。

さて。マジナイには様々な種類があります。

「オマジナイ」というと気軽な感じですけれど、いわゆる呪《のろ》い、呪術《じゅじゅつ》まで幅を広げると膨大な種類と量があります。

そんな中、私がお伝えするのは身近なもの。もっと言うならば、何もなくてもその場でできるものです。

私自身、誰かからアドバイスを求められたときは、素人の手に負える範囲の方法を助言するようにしています。

そうする理由は、いくつかあります。

まず第一は、私自身が神官でも僧侶《そうりょ》でもないことです。ゆえに、プロが介入せざるを得ないような相談を持ちかけられたときは、プロに任せる以外ありません。

それ以外——最近、少し運が悪い気がするとか、肩が重いとか、旅先で泊まる旅館に不安があるとか、そういうとき、相談相手が手軽にできるオマジナイを紹介します。

私自身は、自分のためにしか使いません。

料理のようなものですね。

自宅で作るものとプロが作る料理は違う。自分で作った料理もそこそこ美味《おい》しくできるけど、一流の料理人には敵《かな》いません。なので、本当にプロの技が必要なときは「まともな」

プロに任せましょう。

もうひとつの理由は、私自身、派手なマジナイにはあまり興味がないことです。実用第一主義。もちろん、伝統的宗教に則《のっと》った、護摩祈禱《ごまきとう》や神事は大好きですけどね。

ご存じの方もいると思うんですが、私は怪談なども書いておりまして、本の中で、自分で体験した話を色々語っています。

つまり、オバケを見たりする体質なんですけれど……怖いわけですよ。大分、慣れてはいるものの、好きで見ているわけじゃない。

いきなり変なモノが出てきたりとか、この先に行きたくないなあ、と思っても行かなきゃならないとか。

そういう時、このままにしておくと、もっと怖いことになりそうだなと思うことがあります。外出先なら、何もせずに帰ったらまずい気がする。あるいは、このまま寝ると、なんか出てきそうな気がする。

そんな不安を覚えたとき、予《あらかじ》め準備をしなくても、空手でできるオマジナイとかお祓《はら》いを知っていると、すごく心強いんですね。安心できます。

中でもライフハック的な……たとえば、衣類に泥が付いたら、その場で拭《ふ》いたり、水で洗ったりせず、乾いてから泥をこすり落としたほうが汚れが目立たなくなりますよ、とか。

そういう知恵が、自分の中では一番役に立つと思っています。

なのでまずは、準備がなくてもその場でできることを語ります。

で、少しだけ準備が必要だけど、決してイモリの黒焼きを粉にしてとか、難度の高いことは言わずにできるものをご紹介したいと思ってます。


前置きが続きますが、オマジナイの世界で気をつけてほしいのは、誰かが確実に効くと言うもの、そして、これじゃなきゃダメと言うものは、すべて誇大広告なので疑ってください。

もしかすると、この後、口が滑って「絶対効く」とか、言ってしまうかもしれません。でも、それは、その場のその事象について、そのときの私が効果を感じたということです。

水に塩を入れると凍りづらくなります――というような、反復実験で確証が得られるものではない。これをやれば大丈夫というものはないです。

便宜的に「効く」とか「効果」という単語も使っていますが、そこは忘れないでください。

○四つの神髄

マジナイにはいくつか種類があります。

病気などのマイナスの存在を除《よ》け、運が下がるのを退けるお祓い系のもの、それから、お守り系列のもの。そして招福、ラッキーを呼び寄せるものです。

日本の場合は、圧倒的にお祓い系が多いですね。

神社にお参りに行きますと、拝殿の前にこんな言葉が掲げられていることがあります。

「祓え給い　清め給え　守り給い　幸《さきわ》え給え」

神拝詞と言われるものですが、この筆頭に来るのが「祓え」――お祓いです。

まず身の穢《けが》れを祓うこと。そして清めた上で、お守りや幸いを身につける。

この四つの語は、マジナイの神髄です。

第一章でも散々語ったとおりです。

最初にきれいにしないと、頂いたお守りも汚れてしまいます。

神道における祓い清めの作法というのは、第一に水を使った清めとなります。

神社の手水《ちょうず》を使ったり、水や海に入ったりする禊《みそ》ぎの作法、そういうのが祓いですね。

斎戒沐浴《もくよく》という言葉があります。

斎戒というのは、禁忌を犯さないようにすることです。たとえば、神事の前に肉を口にしないとか、煮炊きする火を別にするとか、そういうことです。

沐浴は水で体を清めること。これ、お風呂《ふろ》でもいいそうです。赤ちゃんを沐浴させるとか言うでしょう？　そのとき、水は使いませんよね。

なので、水垢離《みずごり》を目的とした修行じゃない限り、綺麗《きれい》なお湯のお風呂に入ってください。

斎戒沐浴は、主に肉体の汚れ、穢れを落とす方法です。

一方、身の内についた穢れ、魂を清めて祓うのは、幣《ぬさ》であるとされています。

神主さんが持っていて、ばさばさ振るアレですね。この幣は本来、大麻繊維でできていました。

遡《さかのぼ》ると、幣というより、大麻そのものが魂の穢れを祓うとされていたようです。

神社で鳴らす鈴、その紐《ひも》が大麻で綯《な》われているところもあるのですが、そういうものに触れるだけで、身の内の穢れは祓われると言われています。

言うまでもないですが、この大麻は大麻の繊維。いわゆる麻薬とは違います。

大麻繊維と神道、日本の民俗との関わりはとても深くて面白いので、興味のある人は調べてみてください。

——ということで、最初はこの「祓え給い、清め給え、守り給い、幸え給え」を四つに分類してのマジナイをご紹介しようかと思ったのですが、ちょっと分かりづらい気がしましたので、人の体、自分の体を使って、頭のてっぺんから足の先まで順々に、それらにまつわるマジナイをご紹介していきたいと思います。

体を使ったマジナイ

○髪

まずは頭のてっぺん、髪の毛からです。

髪の毛は、怪談では定番のアイテムです。

特に長い髪は、女性の情念や怨念《おんねん》の象徴となってます。長い髪の毛の束が蛇に見えたりとか、それが襲ってきたりとか、お風呂の湯船に浸《つ》かっていると、いきなり自分のものとは違う長い髪の毛がフワッと浮かび上がってきたり。そういう話に出てきます。

髪の毛の怪異は、私も経験しています。ほとんど生き霊ですけどね。

ちょっと、お話し致しましょう。

――まずは旅先での話です。

某イベントがあって、数人で他県に行ったときのことです。

その旅先の旅館や食堂で出る食事、お昼とか夕飯とか、色々なシーンで、食べ物から髪の毛が出てきたことがあります。

一回目は、小鉢に髪の毛が入っていて、お店の人に言いました。

店の人はうちじゃないって言うんですけど、まあ、見てよ、と、器を見せました。

今だと悪質クレーマーになりかねませんが、小鉢から箸《はし》でそれを掬《すく》うと、セミロングぐらいの髪の毛で、私の髪の長さではない。店主や店員の髪でもない。それがぞろっと出てきました。

「ほら、本当に入ってるでしょ」

そう言って、そのときは取り替えてもらいました。

ところが、翌日、全然別のところに行ってご飯を食べても、やっぱり髪の毛が入っている。同じようなセミロングの髪の毛です。

そこで、これはただの不注意じゃないや、と気がついたんですね。

気づいた途端、ひとりの女性の顔が浮かびました。

一緒に行動していた男性の奥さんです。

その男性とは、当時、いろんなところで顔を合わせていました。髪の毛は、彼の奥さんの生き霊の仕業だと思いました。

そのとき、なぜ、そう確信したかというと、それはもう、わかったからとしか言い様がありません。彼女は私とその男性との仲を疑っているようでした。

しかし、旅先でどうやって、この誤解を解こうか。

そう悩んでいましたら、次の日の朝ご飯にも髪の毛が入っていた。それでもう、こりゃダメだと思って、まずさりげなく、その男性に奥さんの話を持ち出して、彼女の姿、髪型について訊《き》きました。実際の彼女の容姿を知らないので、訊いたんです。

するとやはり、セミロングの黒髪だという答えが返ってきました。

「なんで、そんなこと訊くの?」と言われたんですが、「コートについていた」とか適当に答えて、それで「奥さんに電話してる?」って言って。

「お節介だけど、こっちに来てから一度も連絡していないでしょう。きっと心配してるから、連絡は取らなきゃダメだよ」と。

なんやかや言って、その場で電話を掛けさせて、そののちも都度都度、連絡を取るように促しました。

それで、翌日からは美味しいご飯が食べられました、という話です。

もうひとつの話は、直接、私は関係のない話です。

知人に非常にモテる男性がいたんですね。

人を呼ぶのが好きな友達の家で、何人かでおしゃべりしたり飲んだりとかするときに、私はときどき彼と顔を合わせていました。

ところが、あるときから、友人がその男性を家に呼ばなくなったんです。何かあったのかと尋ねたら、

「外で一緒に遊ぶのはいいけど、うちに呼ぶのは嫌だ」と。

なぜなら、彼が帰った後、必ず招いた人以外の髪の毛が家に落ちている。

最初は誰かのものだろうと思っていたけど、先ほどの話と同じように、該当する髪の長さや色をした人がいなくても、彼が帰ると髪が落ちている。

それで、だんだん気味が悪くなってきた。みんなが遊んで帰った後に、自分ひとりで、その髪の毛を片づけるのが嫌なので、もう自分の家には招きたくない。

そういう話をされました。

その時は「彼、モテるからねえ、生き霊じゃないの」と言うだけで、終わりました。

真偽のほどは不明です。

ちなみに、生き霊にマジナイはお奨《すす》めしません。効きません。

相手が存在し、そういう負の念を持ち続ける限り、生き霊はいなくならないからです。

なので、最初の話のように、相手の誤解を解いて安心させたり、気を逸《そ》らしたり、それでもダメなら、忘れるのを待つしかないです。

その間は、こっちが注意する以外ありません。私のときはたまたま気づいたからいいようなものの、髪の毛食べちゃったら、多分、具合が悪くなっていたでしょうね。

まあ、こういった情念に関係していると考えられるのが、髪の毛です。

それをマジナイに使う定番としては、呪いの藁人形《わらにんぎょう》とか、そういうものの中に相手の髪の毛を入れ込んだり、あるいは汚物に混ぜて道に捨てる。四つ辻《つじ》に埋めて、多くの人に踏ませるなどの方法があります。

四つ辻に埋める具体的方法は知らないのですが、髪の主への呪詛《じゅそ》にもなるし、踏んだ人への呪いとしても使えると聞きます。

第一章にて、藁人形に髪の毛を入れたりするのは、呪物としてより、テンションを上げる効果が高いという話をしました。

それでも、皆が怖いと思うもの、念が籠《こ》もりやすいと見做《みな》されているものには、注意が必要なんですね。

人によっては、ただのアイコンを呪物に変えてしまいます。

また、これはヤバいと思った瞬間、思った側が「呪われる」可能性もあります。

美容師さんから聞いた話ですが、長い髪を手入れしたり切ったりした日には、具合が悪くなってしまう人がいるそうです。中には、何らかのお清めをしてから、家に帰る人もいると聞きました。敏感な美容師さんは大変かもしれません。厄介ですね。

歴史的に見ていくと、髪の毛は切ること、結うこと、結ぶことで、その力を制御しています。

髪の毛は霊力の証《あかし》だと、聞いたことのある人もいると思います。

蓬髪《ほうはつ》と呼ばれるざんばら髪、または禿頭《とくとう》、いわゆるおかっぱ。平安時代などは、そういう髪は一般社会から逸脱した存在、たとえば鬼ですとか、そういうもののスタイルとされていました。

特に昔は、髪を結わない成人男子は、普通と違う人と見做されたんですね。

江戸時代辺りになると、お医者さんとか易者とか。武士や農民、一般の商人などの仕事に属さない人の髪型となります。そのほかは大体すべて、髪を結っていました。

また、平安時代でしたら、結った髪を烏帽子《えぼし》の中にしまう。これが常識だとされていたわけです。

女性も、平安時代の貴族などは長い髪をそのままにしていましたが、だんだん髪を結うのが当たり前になって、江戸時代辺りになると、ほぼ全員が髪を結い上げたスタイルになります。

そうした中、滝に打たれたりとか、神仏の加護を求める行為のときは髪を解《と》く。また、丑《うし》の刻参《こくまい》りのような呪詛のときに髪を解く。

神や霊に近づく行為を為《な》すときに、髪の毛もまた、人間社会から解放するわけです。

逆に僧侶は、俗世と決別するために毛を剃《そ》ります。

とはいえ、現代の私達はどんな髪型も自由なので、人の魂や情念の形代《かたしろ》として用いる以外は、気にしないでいいと思います。

シンプルな抜け毛も、老廃物と同じと考えていい。

ただ、抜け毛が家の中に落ちているのは、清潔とは言い難いですよね。ボサボサの髪でも人前には出づらい。

そのような意味で、やはり髪というのは、自分の一部を司《つかさど》るものでもあるし、自分の残り香のような抜け毛を放置するのも良くない、と考えて頂ければと思います。

具体的なマジナイの話にはならず、申し訳ないですが、要は気持ち次第で、髪の毛も使えますよ、というところでしょうか。

○眉

眉毛《まゆげ》は、あまり役に立たないように思われるかもしれませんが、ふたつばかり情報があります。

まずひとつは「眉唾《まゆつば》」。眉毛に唾をつけるマジナイです。

何か怪しいものが眼前にある……あからさまに怪しくなくても、この人、本当に人間なのかな、と思ったときとか、今、もらったお金は葉っぱじゃないのかなあ、なんて思うようなことが、もしあったとすれば、ですよ。

そういうとき、眉毛に唾をつける。すると、人と思っていた相手がタヌキだったりキツネだったりした場合、正体が見えると言われています。

そして、そのマジナイが転じて、騙《だま》されないように用心をすることや信用できないものそのものを眉唾、眉唾物と言うようになりました。

唾液《だえき》自体、力のあるものです。

眉毛に唾をつけるのは、眉毛そのものの力よりも、唾液のほうに力を感じているのかもしれません。

順番が前後して口の話になりますが、唾液というのは、ある対象物に塗ったりすることで、それを自分の所有物として——霊的にもですね、認識させる力があります。

「あの品物には私が唾をつけておいたから」

そういう言い方がありますが、唾をつけることで所有権が生じるんです。

あと、ある空間の四方の柱とかに、ちょっと唾をつけることで、その内側を結界するというやり方があります。これもある意味の所有ですね。

現代の考えからすると、どちらもあまり衛生的とは言い難いので、使うことはないかもしれません。しかし唾液の力のひとつは、所有を示すものだということは知っておいてください。

眉毛に関して、もうひとつ。

狼の眉毛という昔話があります。

正直者が世の中に絶望して、自分なんか狼の餌になってしまったほうがいいと思って狼の許《もと》に行くと、狼が眉毛をくれて、これで世の中を見てみろと言う。

言われるまま、男が里に帰って、狼の眉毛をかざして世界を見ると、人だと思っていた村人のほとんどは狐狸《こり》の類《たぐい》や化け物で、本物の人間はほとんどいなかった、という話です。

これもまた、化け物の正体を見ることに眉毛が役に立っている。

この話は狼の睫《まつげ》というバリエーションもあるんですが、根本は「眉唾」と同じ効力の話なので、多分、眉毛が正統でしょう。

眉毛は普通の状態では力を発揮しないかもしれません。唾を付けて呪力を増したり、または山の神である狼の霊威を借りる。そういうことで、悪しきモノの存在を見破ることに使えるのだと思います。

○目

見破る、と来ましたので、次は目。見ることですね。

見ることに関しては、とてもたくさんのマジナイがあるので、この項は長くなります。

また、目そのものにも力があり、その力にも種類があります。

「邪眼《じゃがん》」という言葉を聞いたことがあるかと思います。ファンタジー系の創作物などに、ときどき出てきますね。

この邪眼は、憎しみを籠《こ》めて相手を見ることではありません。生まれながらに、そういう力を持った眼の人がいるという話です。

容姿や性格はまったく関係ありません。生来の体質みたいなものです。

しかし、この邪眼、実は日本ではあまり問題にされません。主に白人、西洋の社会の中で言われるものです。白人は、人によって目の色が異なりますよね。その中の色みのひとつが邪眼とされます。

成長したときに目の色が変わる人もおりますが、いずれにせよ、自分の意思ではどうにもならない。

今だと差別になりますが、独特な目の色を持つ人は忌避される場合があったのです。

ゆえに、ほぼ全員が黒い目を持つ日本において、邪眼という言い方が出てきたのは、そんなに昔ではありません。

つまり「邪眼の持ち主だから」という言い方は、近年の翻訳ファンタジー由来と言っていい。実際、和製ホラーなどに出てくるときも、抽象的な、邪《よこしま》な力を持つ眼差《まなざ》し、という感じで描かれています。本来の邪眼とは異なっているわけです。

ただし、いわゆる目力の強い人は確かにいると思います。

それをどう捉《とら》えるのか。

たとえば、何の害がなくても見知らぬ人にじっと見つめられる、それだけで、ちょっと嫌な気持ちになりますよね。特に目に力を入れて見られ続けたら、それが睨《にら》むという形ではなくても気持ちが悪い。

あるいは、気がつくと、その人と目が合う。そんなことがずっと続いても、なんか落ち着かないでしょう。

もしかすると、近眼で対象物を凝視してしまう……そんな理由かもしれないですが、目そのものに力があるため、私達は色々想像してしまうのです。

目には魔除けの力もあります。

その力に期待して、世界には様々な目の形をしたお守り、魔除けが存在します。

たとえば、有名なトルコのガラス細工「ナザールボンジュウ」は、青い目玉の形をしたお守りです。

エジプトの「ホルスの目」は、魔除けや守護、再生、知恵を司る目と言われます。これは右目と左目で司る神と役割が異なりますので、気になる方は調べてください。

その他にも、色々な国の、様々な形をしたものがありますが、ほとんどのお守りは魔除けを第一の目的としているようです。

無論、魔物側の目の力も強力です。よく聞く怪談で、幽霊や化け物と目を合わせてはいけないというシチュエーションがありますね。

魅入る、魅入られると言いますが、人間同士でも目が合えば、相手が自分を認識しているとわかります。それが怪談なら、「見えてますよね」などと言って幽霊が近づいてくる展開になるし、妖怪《ようかい》ならこちらが引き寄せられてしまいます。

つまり、ただの人間の目は弱いんです。ですので、目の形のお守りだったり、ホルスの目のような、神仏の力をバックに持っているものを用いて魔除けとします。

日本では、籠目《かごめ》が知られています。

籠目紋と言えば六芒星《ろくぼうせい》を指しますが、籠目は竹などで編んだ籠の隙間にできる穴のことです。編み方は用途によって様々ですが、六芒星に似た編み方のものもあり、「目籠」と呼ばれています。

この目籠は「目」が沢山あるため、魔除けとして使われます。

都会ではあまり見かけませんが、関東地方では「事八日《ことようか》」という年中行事に、魔除けとして目籠を用います。

事八日というのは二月八日と十二月八日を指し、農業の事始めと事納めのことです。本来、この日は神様のやってくる日なのですが、その中に、疫病神や妖怪も交ざっているとされました。

特に関東地方では、ひとつ目の妖怪が来るとされたため、「目」が沢山ある笊や籠を軒先に掲げて、ある意味、数の力を使って、その侵入を防ごうとしたのです。

事八日の事由と風習は、地方によって差があります。ただ、その日のみならず、妖怪・魔物除けとして、籠の目が使われることは覚えておいて損はないと思います。魔物を退ける手段として使えます。

しかし、それらは予め用意していないと駄目なものです。

悪いモノが寄ってくる用心に、籠や笊を持ち歩くわけにもいかないでしょう。そういう時にどうしたらいいのかと言うと……。

これ、人から聞いた話なので、実効性はわかりません。私はやったことないんですが、参考のためにお伝えします。

まず、目を見開いて、避けたい対象をじっと見る。そして、その後、ふっと目の力を緩めるんだそうです。

引き絞って、パッと放す感じですね。それで悪いモノが避けられる。そういう話を聞いたことがあります。

この方法は、たとえば両手が荷物で塞《ふさ》がっているのに、向こうから怖いモノが来ちゃったというとき。目を逸らすのも怖いですから、そういうときに使ってみるといいかもしれません。

もっとも、生身の怖い人や熊などには逆効果かもしれませんので、その辺りは慎重にしてください。

目はそれのみを呪術に用いる以上に、見ることそのものに意味を見出《みいだ》します。視覚ですね。

この本の前半に、霊感に関しては見えることが最優先ではないと記しました。

とはいえ、やはり人間は、五感の中では視覚に最も依存しています。

犬や猫のように、嗅覚《きゆうかく》も聴覚も鋭くない。一番マシなのが視覚なので、そこに頼らざるを得ないんです。

なので、人ならぬモノの正体を知る方法も、どうやったら「見える」かという話になります。


「きつねの窓」という方法があります。

最近、漫画などにも出てきますので、ご存じの方もいると思いますが、手を使って、モノノケの有無や妖怪の正体を見破り、判断する方法です。

言葉ではわかりづらいので、イラストにしました。ご覧ください。

但《ただ》し、「きつねの窓」には強い禁忌があります。

まず、絶対に人を見てはなりません。

見られた相手は死ぬ――そう伝わっていますので、ご注意ください。狼の眉毛のように、人の正体がわかるというものではありません。

もうひとつ、この窓から息を吹いてはいけません。

これも吹きかけた相手が死ぬ、または自分に呪いが掛かるとされています。

「きつねの窓」から狐火《きつねび》に向けて息を吹くと、狐火は消えると言われています。魔物の火を消すくらいですから、人の命も消えるでしょう。やらないように。

「きつねの窓」図解

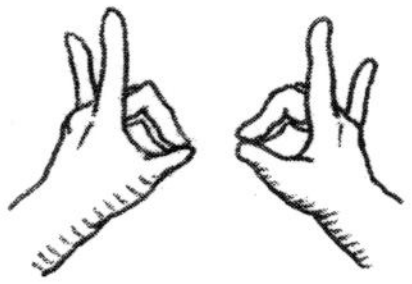

①両手で影絵のキツネの形を作り、向かい合わせます。

②手首を捻って、キツネの耳を合わせます。

③すべての指を開きます。

④図のように親指と小指で残りの指を引っかけて、中心の穴(窓)から覗きます。

これらを守った上で、イラストのように指を組み、

「けしやうのものか、ましやうのものか正体をあらわせ」

この呪文を三回唱えます。

シンプルで格好良い呪文ですよね。

そうすると、手で作った隙間の先に、霊や妖怪などがいる場合、それが現れると言われています。

試してみても構いませんが、禁忌は守ってくださいね。

「きつねの窓」を行うとき、最初に左右の手で作る形は影絵のキツネと同じです。西洋ではこの形を「サタニック・サイン」と称します。

悪運を祓い、西洋ならではの「邪視」を避ける意味もあるのですが、人差し指と小指を角と解釈し、悪魔やサタン崇拝のシンボルにするとも言われます。

影絵のキツネの姿は、実は洋の東西を問わず、呪力ある形と見做されているんですね。

さて。この「きつねの窓」という方法、指の組み方が特殊で呪文が格好良いという、今風に言うなら映えるポーズなのですが、実はここまで複雑なことをしなくても、見えると言われている方法は沢山あります。

名前がついているのは「きつねの窓」だけですが、もっと簡単な方法がある。

最初に言ったように、私は実用第一主義なので、そっちのほうが好みです。

いくつか、ご紹介しましょう。

まずは、伸ばした腕をクロスして、両掌《てのひら》を合わせて全部の指を組む。そのまま、手首の下を潜らせるように組んだ手をくるっと回転させて顔に近づけ、組んだ指の隙間にできた穴から外を見る。

子供のとき、やった記憶のある人もいるかと思います。

ジャンケンで何を出そうか迷ったとき、この組み方をして覗《のぞ》くんです。そして、穴の形がグーに見えたとか、または何かの形を見たようなつもりになってジャンケンをします。

この方法——名前があるかどうかわからないのですが、「きつねの窓」と同じ効果をもたらします。

ジャンケンのときの使用は、多分、異界を覗く方法という伝承が子供の遊びに変化して残ったものではないのかと、私は考えています。

もっと、簡単な方法もあります。

祈るように十指を交互に組み合わせて、掌を前に向ける。両手の親指と小指が自然に離れて、上向きと下向き、ふたつの三角形ができますよね。その小指側、小さい穴から向こうを覗く。

それ以上にシンプルな方法としては、両人差し指と親指で三角形を作ります。そして、その空間から対象を見る。

そうすると妖怪などが見られると……見えないんですよね、これ。

いや、この方法のみならず、「きつねの窓」も普通にやったら見えません。

ただ、教えてくださった方の話によると、これらの方法で妖怪などを見るときは、指で作った窓の空間に目の焦点を合わせるのだそうです。

つまり対象を普通に見るのではなく、指をフレームとした窓ガラスを想像し、そのガラスに焦点を合わせる。すると、先の景色がぼやけて見える。そのときに、見えるときは見えると教わりました。

もっと言うなら、指で形を作らずとも、何もない空間に焦点を合わせられるなら、それで見える、ということです。

たとえば、指で丸を作って、そこにガラスが塡《は》め込まれているつもりで、仮想のガラスに焦点を合わせます。それができたら、視線をそのままにして、そっと指を開いてみる。そんな練習をして、何もなくても焦点を変えられるようになったなら、それで見ればいいということです。

「きつねの窓」だから、特に力が強いわけではないんですよ。これらは見るための補助でしかない。
なので、モノノケを見たい方は、リスクのある「きつねの窓」ではなく、それ以外の方法を試してみるといいと思います。

何かの間から覗き見て、モノノケを見顕《みあらわ》す方法には、道具――扇を使うやり方もあります。

扇を使った「覗き見」「透き見」は、モノノケを見る以外にも使えますが、まずは扇を使って異界を見る、妖怪を見る方法をお伝えします。

平安時代からあるやり方ですが、扇の骨の隙間から覗きます。

もともとは「蝙蝠扇《かわほりおうぎ》」を使いました。

平安時代、儀式には檜扇《ひおうぎ》を用いましたが、略儀、または夏場の実用には蝙蝠扇が用いられました。

今は実用というより、家のしつらいに使う装飾品ですが、骨の数は五本を基本に、七、十本などがあります。現代の舞扇を大型にしたようなものですが、紙を貼った下の空間がかなり広い。

一方、檜扇では魔物は見られません。隙間が空いていないからです。

檜扇は薄い木の板を重ねて扇状にしたものです。両端に五色の飾り紐がついていまして、閉じているときは、その紐を本体にぐるぐると巻きつけます。

見た目より軽くて、二五〇グラムほどですが、これは……私の所感ですが、物理的な武器になりそうですよね。紐で首絞めたり、本体で叩《たた》いたり。でも、アヤカシを見るために求められるのは、隙間が空いている蝙蝠扇のほうです。

しかしながら、扇で魔物を見る場合、普通のやり方では駄目なんです。

上下を逆にして——要を上にして見る。

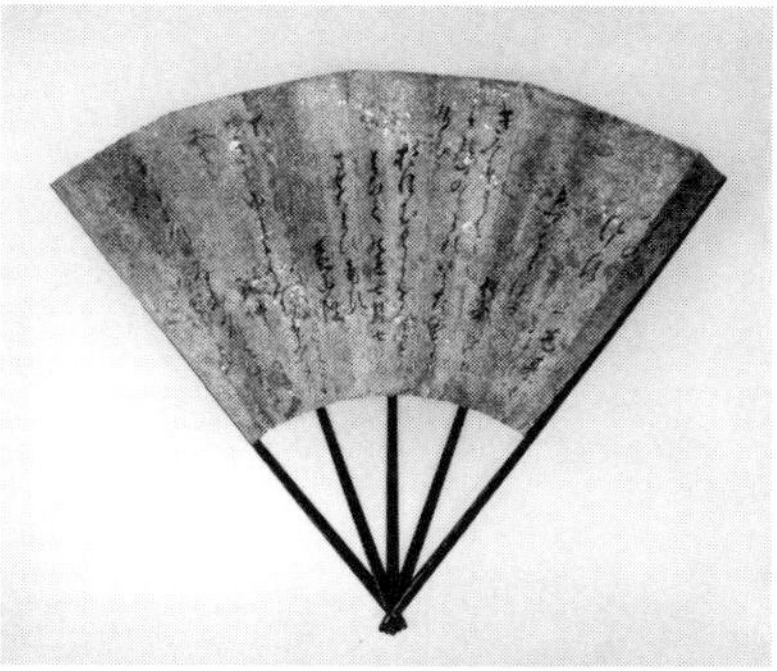
蝙蝠扇　紙本墨書扇（嚴島神社宝物館所蔵）提供：便利堂

生活品などを日常とは違う使い方をする、逆さにしたりすることで呪術の道具として用いる話は結構あります。

先にお話しした「逆さ箒《ぼうき》」もそのひとつ。扇もそのひとつです。

多分、扇の要を上にして見るときも、「きつねの窓」同様、扇の骨と骨との間に目の焦点を合わせ、その先を見るようにしたのだろうと思います。

当然、この方法は今の扇子でも行えます。ただ、檜扇のように隙間のないものは使えません。扇子を買うときは、広げて確認してください。

目から話題がずれますが、少し、扇についての話を続けましょう。

平安時代の扇は、顔が隠れるほどの大きさでした。

ご存じのように、当時の女性は人前で顔を見せません。男性も歯を見せるのを憚《はばか》るときなど、扇で口元を隠したと言われています。

また、当時は、不浄なものや狼藉《ろうぜき》を見ることを避けるため、扇で顔をカバーしました。

扇は持つだけで、穢れを見ることを回避し、他者からの視線も避けられる、とても便利な道具なのです。

その使い様の根本には、目の力――見ることによって生じる様々な気配の感染、伝染というものへの意識があったと思います。

昔の人は、そういうことにすごく敏感だったんでしょうね。「ガン見」なんて高リスクだった。

話を目に戻します。

逆さにして見ることで、魔物や異界の存在を確かめる行為。これと同じものに「股覗《またのぞ》き」があります。頭を下にして、足の間から先を見る方法です。

それから、後ろを振り返るとき、脇の下から見る方法もあります。

普通に振り返るのではなく、何かアヤシイ気配があって、それを確認するために後ろを見るときの方法ですね。これも、逆さから見る、隙間から見るという意味において、扇と同じです。

ちなみに、もし、そういう姿のないものや気配に声を掛けられたり、後ろから肩を叩かれた場合は、基本は振り向くな、とされています。で、もし振り向くときは、左から見るな、と言われます。

見るなら、首を右に回す。つまり、時計回りの方角から見ろ、と。

時計回りというのは言葉通り、世の中の時間の進行、四季の巡りに沿ったものです。逆だと、世の摂理に逆らって過去に進むことになり、いわばモノノケ側になってしまうので、右から振り向くのが安全です。

普段から、癖をつけておくと良いと思います。

ほとんど魔物を見る話になってしまいましたが、見えただけではダメですね。ゲームなら「扇の要を上にした！　魔物が見えた！」……次のアクションをしないと、ゲームも進まない。ただ、私の選択肢に「攻撃」はほとんどありません。

祓いたまえ、清めたまえです。

ゲームの魔物は退治しないと話が進まないことも多いですが、魔物が出ないところなら、さくさく前に行けますよね。また、脇に魔物が立っていても、アイテムや経験値がほしい場合以外は無視してしまっていいわけです。

「無視」は結構、有効です。

それ以上に、生身でも怨霊でも、敵わない相手に出会ったときは「逃げる」を選択すべきです。それができないとき、そして、生身の相手以外のときは祓うのが一番。

扇子がある場合は簡単です。

扇子というのは、実は強いアイテムでして、パタパタと風を送る行為が、シンプルにお祓いになるんです。

お香の香りがついている扇子なら、なお、効果があるかもしれません。

なので、真夏ばかりではなく、普段のおしゃれアイテムとして、素敵な扇子を鞄《かばん》に入れておく。着物なら、着物の帯に、常に扇子を挿しておくといいと思います。

また、先程、扇子を逆さにして魔物を見顕すと言いましたが、扇子を普通の向きで広げることは防御として使えます。

顔を隠しても良いですし、骨の間から先を覗くことも役に立ちます。

普通の向きで骨の隙間から先を見ると、悪いものと目が合っても、魔からの影響を受けづらいと言われてます。

これと同じ効果が期待できる、もっと簡単なやり方もあります。

指を広げて顔を覆い、その間から見るんです。

実感があると思います。怖い映画を見るときなど、やりますよね。するとなぜか、怖さが少し和らぐ気がする。

これは扇の代用です。あるいは、扇が指の代用なのかもしれません。

皆さんはもう、この動作をした時点で、呪術を使っているとも言えるんです。

○耳

耳については、あまり語ることがありません。

私が知らないだけかもしれませんが、耳を使ったマジナイは少ないようです。

ただひとつ知っているのは、月に関するマジナイです。

古来、月を指差してはいけないと言われてきました。

理由は様々語られていますが、定説とされるものはないようです。

月は神様でもあるし、暦、即《すなわ》ち寿命を司る存在だから、指差すような無礼を働くと罰が当たるのだろう——私はそんなふうに考えています。

でも、うっかりして指差してしまうときってありますよね。「ほらほら、月が出ているよ」って。そういうときは、指した指でパッと耳たぶを摑《つか》むんです。

耳たぶが厄除けになるという意味の行為ではありません。

月を指差すと耳たぶを切られるとの俗信がありまして、それを除けるためだと言われています。

どうして、耳たぶが切られるのか。

一説では、昔、今よりもっと寒くて、防寒着や暖房設備が整っていなかった頃、耳たぶにしもやけやあかぎれができて出血してしまうことがあった。月の冴《さ》え冴《ざ》えとした冬の晩は特に寒いので、しもやけができやすい。

それが耳たぶが切れる話の元だ——そういう説もあります。けれど、月は春夏秋冬出ていますので、説得力はない気がします。

ともかく、月を指差してしまったら耳たぶを切られるという言い伝えがあり、それを避けるため、過ちを犯したときはパッと耳たぶを押さえる。そういう風に言われています。

このことについて色々調べてみますと、月に限らず、悪いことが起きるのを避けるため、とっさに耳たぶを摑む話が出てきます。

なので、耳たぶが切られるのを防ぐと言うより、そうすることで、月からの罰を回避するという解釈もできるのではないかと思います。

たとえば、熱いものを触ってしまったときも、とっさに耳たぶを摑みます。昭和の邦画などでは、不用意に鍋《なべ》に触って「あっちっちー」とか言って、パッと耳たぶを摑むシーンが出てきますね。

これもまた理由付けとしては、耳たぶは体温が低いから、そこで冷ます、みたいなことが言われます。

でも、耳たぶは感覚の鈍い場所ですが、特に冷たいわけではないし、耳たぶより冷たいものなんかいくらでもある。台所なら、まず水がある。なので、私はこれもこじつけだろうと思っています。

マジナイとして考えるなら、月を指差したり、熱いものを触ったり、何かしら指先で過ちを犯してしまった場合、耳たぶを摑むことで厄が回避できるのではないか、と。

文献的な証拠はないですが、そう解釈しています。

○鼻

鼻もほぼ、マジナイらしいマジナイはないですね。

関連するものとして、くしゃみのマジナイがあります。

大きなくしゃみをしたときに「くそくらえ」とか「チクショウめ」とか、口汚く罵《のの》る習慣があります。

この罵倒《ばとう》が厄除けになるということです。

「くそくらえ」の元は「休息万命急急如律令《くそくまんみょうきゅうきゅうにょりつりょう》」という呪文にあるとの説もありますが、まあ、とっさのマジナイの現場では気にしないでかまいません。

くしゃみは我慢できないものですよね。場所も選べない。排泄《はいせつ》を我慢するより厳しい。

自分の体なのにコントロールできない。体から勝手に、勢いのあるナニカが飛び出す。

これはただならぬものだ。——昔の人はそう思ったようです。

なので、そういうものが口から飛び出した瞬間、罵倒して追い払うんです。

今でも、お爺《じい》さんとか、ときどきやっている人がいますね。

普通はやりづらいでしょうが、マジナイとしてはある、ということです。

○口

次は口です。

頭部だけで随分ボリュームがありますが、それだけ頭には呪力があるという証ですね。

口は唇というよりも、口の動き、特に音に重点が置かれます。

「叩歯《こうし》」という技があります。

文字にすると、歯を叩くとなりますが、指で歯を叩くのではなく、歯を噛《か》み合わせてカチカチ鳴らす行為です。

獅子舞《ししまい》のお獅子が歯を鳴らしたり、厄除けとして子供の頭を噛む風俗がありますが、それと同じです。

叩歯はまず厄除け、魔除け、魔を噛み砕く方法です。

別名は「天鼓《てんこ》」と言いますが、名の通り音を出すことが肝心です。左右の奥歯と前歯とで使い分けると記してある書物もあります。歯が悪い人には、ちょっと厳しいかもしれません。

叩歯は結界を閉じるときにも用いられます。カチッと鍵《かぎ》を閉めるような感覚でしょうか。本当の意味を尋ねたことはないのですが、第一は魔除けなので、結界を閉じるときもまた、魔を追い払って扉を閉める感覚なのかもしれません。

いずれにせよ、歯を鳴らして、音を立てるのが大事です。

歯は髪の毛より強い力を持っています。呪術、形代に用いる際も、本当ならば髪より歯です。

髪は簡単に抜けて、また伸びますが、歯は違うでしょう。一度抜けてしまうと、乳歯以外は、鮫《さめ》でもない限り生え替わりません。唯一無二のものと言えるため、その人の分身として強い力を持つのです。

たとえば青森県の恐山《おそれざん》には、歯骨堂《しこつどう》というものがあります。

下北半島《しもきた》では、死者が出た場合、三年以内に歯骨を恐山に納めるという風習が残っているそうです。

誰かが亡くなった際、お骨はお墓に納めたけれど、霊験あらたかな場所でも供養したいという気持ちの表れです。

本人の形代として強いものは、まず歯、爪、最後に髪です。

爪も、爪切りで切ったものには、髪の毛同様、さしたる力はないです。しかし、剝《は》がした生爪なら力を持ちます。

とはいえ、アナタを呪いたいから、歯をくれ、爪を剝がさせてくれとは言えないでしょう。呪詛に使うには、入手の難しいアイテムだと思います。

「鼠鳴《ねずな》き」という、口で音を出す方法があります。

これも魔除けです。歯を嚙み合わせたまま、唇を尖《とが》らせて息を吸い、チュウとかチイチイなど、鼠の鳴き声に似た音を出す。

この音のどこに効力を認めるかは不明なんですが、海女《あま》さんなどは海に潜るとき、鼠鳴きをしてから飛び込みます。かなり古くからある方法ですね。

鼠鳴きは息を吸うのですが、息の呪力は強いです。

口笛も同様に強い力が宿っています。

「嘯《うそぶ》き」という言葉があります。

とぼける、大言壮語の意味もありますが、動作としては、口をすぼめて音を出す。あるいは息を吹くことです。

目の項で「きつねの窓」を紹介したとき、窓から息を吹くなと言いましたよね。このときの口の形も嘯きと同じです。

中国の古書には、嘯きは巫女が鬼を呼ぶ方法だと記してあります。呪術としての嘯きは音を伴いますので、口笛と根本は同じです。

口笛は風を呼ぶマジナイに出てきます。でも、扱いが難しい。

船に乗って口笛を吹くと、暴風になるという言い伝えもあります。

帆船などの場合、風を呼ぶためにやることもあるのですが、説話では大概、強風になって酷《ひど》い目に遭う。

また、夜に口笛を吹くと蛇が来る、悪魔が来るといった話を知っている人もいるでしょう。口笛は犬を呼ぶときにも使いますから、夜はその音に誘われて、呼んでもいないモノノケがやってくるとでも言うのでしょうか。

想像ですが、多分、口笛でナニカを呼ぶというより、風を出すということに問題があるのではないかと思います。

病気の「風邪」は風の邪と書きますよね。

マジナイの世界では、風には良い風と悪い風があるとされています。

悪い風のことは沖縄などでは「ヤナカジ」と言います。「いやな風」です。

ヤナカジは病をもたらしたり、不運をもたらすような風です。原因不明の体調不良を感じたときなど、沖縄のユタさんは「ヤナカジに当たったね」なんて言います。

無論、良い風もあるのですが、善し悪しの判断は、なかなか私達にはできません。

なので、特に陰気が強くなる夜は、不用意に風を起こさないほうがいいのではないかと思っています。

口から出る風は、嘯きも口笛も、シンプルな厄除けとしては使えません。

あともうひとつ、口でできるマジナイに、舌を出すことがあります。

より強い力を求める場合は「あっかんべえ」です。

あっかんべえは下の瞼《まぶた》を下げて裏側を見せ、ベロを出しますね。侮蔑《ぶべつ》的な仕草とされますが、この行為は威嚇の動作で、実は結構強い魔除けなんです。

瞼の裏というのは、わざとやらなければ人に見せないところですよね。舌もそうです。

このような、普段は隠されている部分、あまり外に見えない、見せない肉体の部分というのは、それを表に曝《さら》すことによって、通常とは違う状態を自ら作り出すことになります。

通常の逆、または裏返しという意味で、根本的には扇を逆さまにしたり、股から覗く行為と同じです。

常の世界、人の世界から逸脱したものや状態に対して「自らの意思」で……ここ大事です、自らの意思で逸脱する。

これが非常に強い魔除けになるわけです。

きちんとした理屈はつけられないのですが、でも、なんとなく感覚的には分かります。動物などもそうですよね。敵に攻撃されたとき、突然、体の色を変えたり、威嚇のために姿を変えたり。

海鼠《なまこ》は逃げるとき、自分の内臓を出して逃げちゃうんですが、あれも私みたいなオカルト脳の人間が見ると、マジナイのように見えてしまいます。

『古事記』にて、天《あめ》の石屋戸《いわやと》に閉じこもった天照大神を誘い出すとき、天宇受賣命《あめのうずめのみこと》は以下のような動作をします。

「天の石屋戸に桶《うけ》伏せて、踏みとどろこし、神懸《かむが》かり為て、胸乳《むなち》を掛き出で裳緒《もひも》をほとにおし垂れき」

すると、

「かれ、高天原《たかまがはら》とよみて八百萬《やおよろず》の神共に咲《わら》いき」

と続きます。

天照大神は、私がいないのになぜみんなで笑っているの？　と不審に思って、石屋戸を少し開いて外を覗く。そこで外に引き出されるわけです。

この一節、実はあっかんべえと似たような呪術的な作用を持ちます。

「胸乳を掛き出で裳緒をほとにおし垂れき」——この部分です。

褻紐も呪力のあるものですが、それをホトに垂らす。ホトは女性器です。性器の力は、とっても強いんですよ。

子供を産むというのは、ゼロを一かそれ以上にすること。無から有を創り出すことです。言うなれば、神の御業《みわざ》ですね。地球上のエネルギーの中でもっとも強いもののひとつです。なので、その性器に神秘的な力を感じ、それを祀《まつ》る行為は全世界で見られます。

男性器・女性器どちらも祀られています。

しかも、性器は普段、露出しないでしょう。隠しているものを現すため、倍の力が宿るわけです。

もっとも、今は外で露出すると、警察沙汰《ざた》になりますけどね。

もうひとつ、この『古事記』の一文の中で、八百万の神が笑った、とあります。原文では「笑」は「咲」の字を当てています。

咲く花は陽気の象徴です。太陽の光を浴びて、花は開く。ゆえに笑うという「陽」の行為は、これまたすごく、強い祓いの力を持ちます。

笑いは陰気な場面では起きません。陽気な場面に湧き上がります。もちろん、苦笑いとか、皮肉な笑みを浮かべるとか、そういうものではなく、普通の笑いです。

声を出して笑う行為は、場が陽気になることですので、即ち、お祓いになるわけです。

怪談界隈《かいわい》で言われることですが、怖い気持ちになったり、部屋に変なモノがいるなって思ったときの有効手段として、ひとつはくだらない話をして笑う。もう一つは下ネタで笑う。これが最強と言われています。

笑いと性器。まさに天宇受賣命の所作を見た神々と同じ振るまいです。『古事記』では、この組み合わせによって、隠れてしまった太陽神を呼び戻す。光・陽気を世界に甦《よみがえ》らせるんですね。

ふたつに期待される祓いの力が、よく示されていると思います。そして、その起源は神話にまで遡ることができる。すごいですね。なので、是非、試してみてください。

最近、声を出して、お腹抱えて涙を流すほど笑ったことってありますか？ないなあ、と思う人は気をつけた方がいいです。

陰気は溜《た》まるものなので、発散の機会を見つけてください。

ここでひとつ、ちょっと気をつけなくてはならないことは、単に口を開ける行為、特に欠伸《あくび》ですね。これは口元を隠してやってください。

欠伸のときに口を手で覆うのは、はしたないからというよりも、人体の内部を外界に不用意にさらさない、また、口から悪いモノが入らないようにするためです。

くしゃみと同じです。欠伸とくしゃみは意識せずに出てしまうもの。昔の人は、そこに見えないモノの介入を感じたわけです。そして欠伸は、普段、人前に晒《さら》すことのない口の中を、無自覚に見せることになる。

さきほど、逸脱した状態は「自らの意思」で作れ、と言いました。欠伸とくしゃみはそのコントロールが難しいので危険なんです。

似たような咳《せき》にはなぜか、呪術的禁忌はないのですが、場合によっては、おくびも注意です。

おくびは体内の空気が不用意に漏れるということで、くしゃみと同じになりますが、欠伸とおくびは憑依《ひょうい》のサインのひとつでもあります。

多分、体から自分の息が追い出され、その隙間にナニカが入り込む、ということだと思います。

取り憑《つ》くのは神の場合もあります。憑依型のシャーマンなどは、神懸かりの前段階に欠伸やおくびを伴う場合があります。

けど、修行などを積んでいない一般人に憑依するのは、善いモノばかりとは限りません。

隙間に入り込まれないよう、口を手で覆ってくださいね。

○手

「きつねの窓」も指を使いますが、一番シンプルで簡単な魔除けは指を立てることです。人差し指一本か、人差し指と中指の二本。

二本指を立てるのは、「剣印」「刀印」という密教や修験道などの手印と同じ形です。指先を剣に見立てます。

但し形は同じですが、剣印そのものではありません。

印となれば、指の位置や組み方を厳密にしなくてはなりません。これは剣印のみならず、すべての印に共通することです。中には形だけ真似ても伝わらないものもありますので、素人が行うのはあまり推奨致しません。

でも、ここではシンプルなマジナイとしての「剣」の形なので、神経質にならなくても大丈夫です。

剣なので、人には向けないほうが良いですが、夜道とかでちょっと怖いなって思ったとき、進む先に向けて歩く。

知らない人が見たら変な人だと思うかもしれないですが、楽で、悪くない方法です。

伸ばした人差し指の上に中指を被《かぶ》せ、クロスするのも魔除けとなります。

これは「〆《しめ》」という意味があり、結界を閉じるのと似たような力を持つ、ごくごく簡易な防御法です。手を下げたままでも大丈夫なので、こっちのほうが人にはわかりづらい。電車の中などでもできますね。

手というのは便利なものです。

たとえば目の前で手を振る、それだけで、さきほどの扇子のように邪気を祓う力があります。虫や埃《ほこり》を払うのと同じですね。

掌を相手に見せて振る「バイバイ」は、相手の禍《わざわい》を祓い、魂を活性化させて幸いを願うマジナイです。

これらの動作に意味を持たせるのは、意識です。

そう意識して、使ってください。


柏手《かしわで》については、記すまでもないでしょう。

最近よく聞くのが、変な感じのするところで手を叩いたとき、音が濁ったり籠もるようなら、そこに悪いモノがいる、または気が淀《よど》んでいるという話です。なので、乾いた澄んだ音がするまで叩くと良いとされています。柏手と言うより拍手《はくしゅ》ですね。

これに限らず、こういった乾いた強い音、破裂音は魔を祓うものとして、古来より効果があるとされてきました。

中華圏のお祭りなどで鳴らされる爆竹も同じです。クラッカーにも、似た作用が期待できますね。その中、手のみを使う柏手、拍手が一番手軽です。

手指で音を出して祓いとするのは、この他に「弾指《たんじ》」そして「爪弾《つまはじ》き」があります。

弾指は、主に仏教系で使います。意味合いとしては、許諾・歓喜・警告・入室などと伝わりますが、この形は印形のひとつなので、宗派によっては袖《そで》の中で行い、外に見せません。

方法は、右手の親指を握り込まずに拳《こぶし》を作り、曲げた人差し指を親指の腹で弾き出す。そのとき、親指が中指にあたって、パチッと音が出ます。

音を出すことが主眼ですので、いわゆる指パッチンでも構いません。

弾指は弾いた後、指差すような形になります。一方、爪弾きは手の甲を上にします。やはり親指を出した形で拳を作り、親指に引っかけるように人差し指を弾き出します。こちらはあまり音が出ません。お祓いというより、強い排除の形です。

また、爪で音を出すのが、爪弾きだと言う人もいます。

爪が少し伸びていないとできないのですが、指二本の爪を合わせて、前後に弾いてパチパチ鳴らします。この方法は、肩がちょっと重いかなというときなど、肩の上で音を出します。

これらが道具も何も使わず、手と指先のみでできることです。

○音

音の話が出ましたので、少しお話ししましょう。

先程も言いましたとおり、口笛、柏手、弾指などは動作にも意味がありますが、音を出すことがひとつの重要なポイントになっています。

道具を使う話になりますが、神社では拝殿に鈴があり、神楽《かぐら》でも鈴を使います。お寺だと鐘をついたり、木魚を叩いたり。いずれも音が出ますね。

これらは呪術的には、神霊を呼ぶ、または場を清める作用があります。

お遍路の人が鳴らす、小さな鈴もそうですね。

登山の熊避《くまよ》け鈴に似たものですが、お遍路さんが使うものは魔を祓う力があるとされています。錫杖《しゃくじょう》の音も同じです。

合理的な説明では、お遍路さんも山伏さんも山に入るので、それらは熊避け鈴と同じ目的で携帯するのだとされます。しかし、山伏さんの話だと、鈴や錫杖の作用はそれだけではない。これらの音が、狐憑きなど、そういうモノを祓うのに非常に効果的なのだと言います。

なので、その音を嫌う人は、注意したほうがいいと言われました。

火の用心でカチカチ鳴らす拍子木《ひょうしぎ》の音も、憑き物がついている人は嫌います。

スピリチュアル系の人が好むものには、音叉《おんさ》もありますね。何ヘルツの周波数が浄化に効くとか言われるんですが、それは別として、高く澄んだ、硬い音――こういう音が場を清めたり、何かを祓ったりするのにいいようです。

実は、私、実際に拍子木を用いて祓うことを意識的にやったことがあるんです。

やったと言っても、狐憑きを祓ったとかではなくて、某イベント会場に、あからさまにおかしい人が来たときです。

自分は霊能者だと言っているんですけどね。言動も妙に過激だし、目つきもあやしい。

正直、気持ちが悪かったです。

そのとき、私は今と似たような話をしてまして、ちょっと試してみましょう、と、会場で拍子木を鳴らしました。そうしたら、みんな、ほーって感じで聞いていたんですけど、その人だけが手をパッと、まさに音を手で払いのけたんです。

それで、あっ、これ本物だな、と。

まあ、だからどうということはせず……イベント会場で「あんた、ナニカ憑いているよ」とは言えないですしね、近づかないようにしただけですが、自分でやってみて、ちょっとびっくりしました。本当に、こういう音を嫌がる人がいるんだなって。

なので、鈴と音叉と拍子木は、試す価値があるかもしれません。

イベントのとき、私が使った拍子木はかなり古い物でした。

新しいものでもいいんですが、古いもののほうが木が乾いて締まっているため、高く硬い音が出ます。

自分で作ってもいいですね。そして、もしこの音を聞いて気分が悪くなったときは、お祓いに行ってくださいね。

そして、もうひとつ。今、そう言われてムッとした方は、なお、お祓いに行ってください。

ちなみに拍子木は一度ではなく、二度鳴らすのが掟《おきて》です。仏壇のお鈴《りん》もそうですすね、二度鳴らす。

理由はわからないのですが、人を呼び止めるときの「もしもし」も、「もし」と一回だけ言ってはだめだとされています。

一度しか言わないのは、妖怪だと伝わってます。だから、電話も「もしもし」です。

妖怪扱いされないように気をつけてください。

気をつけなくてはいけないのは、音なら何でも祓いになるわけではないことです。

いわゆる普通の鈴、それから風鈴。

そういうものは、夜に音を出すなと言われます。

神社の拝殿の鈴というのは、祓うというよりも、神様にご挨拶《あいさつ》をするため。大きく括《くく》るなら祓うではなく「呼ぶ」に近い。

風鈴も夜には下げるな、取り込めと言います。

なぜなら、これも寄ってくるからです。

夏の風鈴は良いものですが、あれは季節を楽しむ風流です。そういう趣味的なものこそ、無精せずに夕暮れになったら取り込む、あるいは舌《ぜつ》を本体に入れて鳴らないようにしてください。

その方が粋ですし、安心です。

○足

足は歩き方、そして踏むということに意味があります。

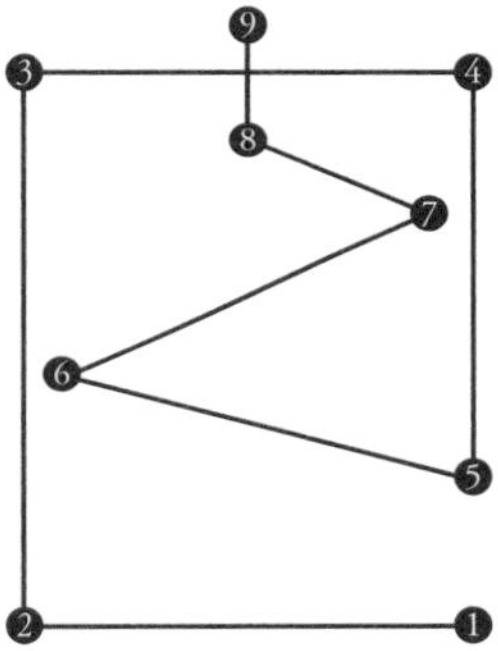

出兵斗

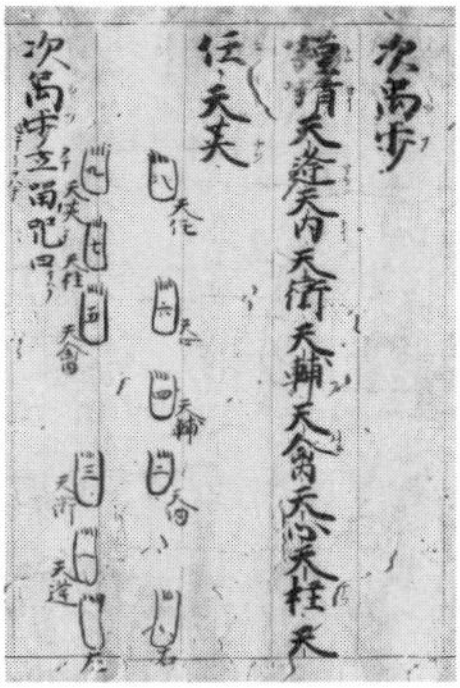

反閇図 「小反閇作法并護身法」
（京の記憶アーカイブより）

呪術世界で有名なのは、歩《ほ》罡《こう》・禹《う》歩《ほ》、反閇《へんばい》ですね。

歩罡は歩《ほ》罡踏斗《こうとうと》とも呼ばれます。この呼び方は台湾に多いようですが、「歩罡」の「罡」は北極星、または「天罡《てんこう》」として北斗七星の第七星に由来します。

でも「罡」という漢字は、道教では呪符などに効果を与える文字——「急急如律令」のように、この字自体が一種の呪であり、僻邪《へきじゃ》の作用を持つものとして扱われます。

なので、「歩罡」はステップに呪能を付したもの、という解釈になります。

「踏斗」の「斗」は北斗七星のことです。ゆえに、歩罡踏斗は北斗七星の姿を歩き、踏む呪術という意味になりますね。

「禹歩」も歩罡とほぼ同じ意味を持ちます。

名の由来は、この術が夏王朝《かおうちょう》の始祖である禹王《うおう》の歩き方に似るところからつきました。伝説によると、全国を歩き回った禹王は足が悪くなり、独特な、千鳥足のような歩行をしていたそうです。そして、道教の道士が足で呪力のある図形を大地に描く方法が、その歩き方に似ていたため、禹歩という名がついたそうです。

「反閇」は主に陰陽道《おんみょうどう》で用いられる用語です。

禹歩と同じとする見解もありますが、反閇作法の一部が禹歩だとする意見もあります。

まあ、この辺りは難しいのではしょりますが、今記した歩罡・禹歩・反閇は皆、足を使って大地に図形を描き、それに効力を見る呪術です。

ちなみに、禹歩は今の神楽にも残っています。能の「弱法師《よろぼし》」の歩き方も、実は禹歩だという説もありますね。

足で描く図形は北斗七星とは限りません。また、足の下ろし方も高く上げて踏みしめる――相撲の四股《しこ》に似た方法から、素早く小刻みに行う、衣の裾《すそ》に隠すようにして揺れているように行うなど様々です。

ただ、これらは本格的な術ですので、ちゃんと習わないとできません。

実際に行う際は手振りも伴いますし、呪文や印も使う。そして、そこまで記してあるテキストは簡単には入手できません。知ること自体が難しいのです。

そこでまた、実用として使えるものをふたつ、ご紹介します。

生憎《あいにく》、禹歩や反閇とは関係ないものばかりです。

まずは、道に迷ったときのマジナイです。

ここで言う道迷いは、単に方向音痴から来るものとは違います。

同じ場所に何度も出てしまう、慣れた道なのに目的地に着けない、市街地にもかかわらず、歩いても歩いても人っ子ひとりいない妙な空間……。異界に取り込まれてしまったような感じがするときに用います。

方法は簡単です。

まず立ち止まり、声に出して「帰る」または「戻る」と明言します。

それから前を見たまま三歩下がって、ぴょんと脇に飛び退く。そしてそのまま踵《きびす》を返して道を変える、または改めて前に進むんです。

山で同じ場所に出ることはリングワンダリングと呼ばれ、「人が方向感覚を失い、無意識のうちに円を描くように同一地点を歩くこと」として、感覚の錯誤と位置づけられています。

しかし、これね、わからないんですよ。方向感覚を失っただけなのか、超常的な現象なのか、当事者は見極めがつきません。

なので、マジナイを試してみるのも一案です。それでも解決しなかったら、リングワンダリングを疑ってみてもいいと思います。

もうひとつは、何か良くないモノが憑いてきている気がしたときの対処法です。

帰宅するときやどこかの店に入るとき、つまり別の空間に移動する際、入り口でトントントンと三回、左足で地面を踏み、その足で屋内に入る。左・右の順ですね。そして振り向かずにドアを閉めます。電車や車に乗るときにも有効です。

これは、次に身を置く空間に災厄を持ち込まない、憑いてきたナニカを置き去りにするための方法です。

――以上が体を用いたマジナイです。

いくつか道具も出てきましたが、基本的に何も使わず、誰にでも簡単にできるものを紹介しました。

本当に、肉体というのは最強なんですよ。

自ら鉾《ほこ》となり、盾となる。存分に活用してください。

五芒星・六芒星・九字

肉体を使った呪術の余録となりますが、五芒星と六芒星、そして九字切りを紹介しましょう。

これらは日本の呪術・マジナイのシンボル的な存在ですが、実は身体機能が深く関わっているのです。

ご存じのとおり、五芒星は晴明神社《せいめいじんじゃ》や天社土御門神道本庁《てんしゃつちみかどしんとうほんちょう》などの社紋です。土御門家の家紋ではありません。あくまで神社の紋ですね。

六芒星はいわゆる籠目紋、籠の目です。そして九字。

この三つ、普通、六芒星だけが籠目と呼ばれますが、実は全部籠目なんですよ。

五芒星は陰陽道の陰陽五行《いんようごぎょう》、木火土金水《もくかどこんすい》がすべて整っているという意味で、この星形が用いられます。

六芒星も一種の星形ですが、「目」の項でお話ししたとおり、日本では連続した籠の目、それを表す文様として用いられることが多いです。

晴明神社本殿

九字というのは「臨・兵・闘・者・皆・陣・列・在・前」九つの呪句を用いて、その語のひとつひとつで、通常、縦四本、横五本の線を空《くう》に描く方法。修験道、仏教、陰陽道などで広く用いられています。

描く線は「四《し》縦《じゅう》五《ご》横《おう》」という格子の形で示されますが、この形もまた、籠や網の目のように、沢山の目と捉えられます。

数多くの目があるということが、ひとつの魔除けになるんです。

「見ているぞ」ということですね。

現実の防犯ポスターに、目が描かれているものがありますよね。また、「監視カメラ作動中」と書かれた張り紙やシールもよく見かけます。

犯罪者が目撃されることを嫌うように、

目に見えない厄災も己の姿を見顕されることが非常に苦手なんですね。

ですので、それが悪さをする前に、お前のことは見えているぞ、との意味で、目の形を用います。

日本の場合、六芒星は籠目文様として連続した形で使われることが多いのですが、五芒星は五行が整うという意味のほかに、一筆書きで書ける、つまり、回文やしりとりのように終わりがないということも、ひとつの呪力になっています。

五芒星は西洋魔術でもよく使われる形ですね。

西洋魔術の場合、どこから書くか――上から書くか右から書くか、右から左に流すのか左から右に流すのか。その差によって、ひとつひとつ、違う効力を発揮します。書き順によって細かく力が変化すると言われています。

でも、日本では、あまり書き順を意識した資料は見かけません。

頂点から右下に線を下ろし始めるのだ、と記す資料もありますが、呪符の筆跡を見ると大概、左端から右に線を描いてます。

神経質な感じはないので、形そのものに力を見たのでしょう。

また、図で示しましたように、編み物のように線を潜らせて表現する五芒星もあります。

この形は社紋でも用いられていますが、これも意味があるような、ないような感じです。もちろん、これは私が調べた範囲の話ですが、今のところ、はっきり何かを記している文献は見かけません。

ただ、この紋、あやとりのように五つの角をぐっと引くと、結び目ができますよね。これで魔物を捕らえるという考え方もできるだろうな、と、個人的には想像しています。


九字にはいくつか、解釈があります。

第一は先程言ったように、沢山の目があることが魔除けになるとの解釈です。

九字にまつわる伝説では、鬼はなぜか沢山目があると、それを数えないとならない気持ちになってしまう。なので、鬼が籠の目を数えているうちに逃げるんですって。

逃走・退避を目的とした術ですね。

第二は、魔を閉じ込める檻《おり》のようなものとしての用い方です。

これも魔物を近づけないための防御です。こちらの用い方をすれば、そののち、攻撃にも転じられます。

第三は攻撃。九字を切るとの言葉通り、相手を切り刻むというものです。

「九字を切る」はドラマなどでは、通常、剣印を用います。

剣印は「手」の項で記したように、指を剣に見立てた印です。

これで左から右、上から下に空間に線を描いて切る。早九字と呼ばれる方法です。

また、臨・兵・闘・者……それぞれ一語を唱える度に、対応した印を結んで、しっかり構築していく方法もあります。

こちらは「九字護身法」と呼ばれ、自分をガードするための呪法です。時間のないときには、早九字ですね。

五芒星

六芒星

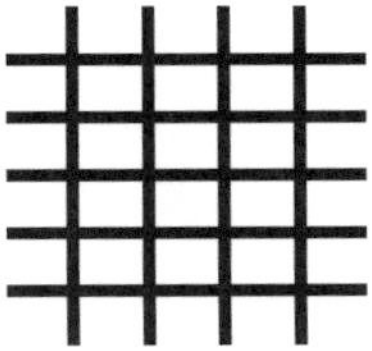

九字

実は九字の作法については、歌舞伎の『勧進帳《かんじんちょう》』の中で、武蔵坊弁慶《むさしぼうべんけい》が詳しく語っています。

『勧進帳』は源 頼朝《みなもとのよりとも》に追われた義経《よしつね》一行が、山伏に扮《ふん》して奥州《おうしゅう》に落ち延びる途中、安宅《あたか》の関《せき》にて、本物の山伏か否か詰問されるという場面を描いたものです。

その劇中に、九字についての問答があります。

まず、弁慶は「そもそも、九字真言とは、いかなる儀にや」と尋ねられます。

山伏、即ち本物の修験者なら答えられるはずなので、こう問い質《ただ》されたのですね。

弁慶はすらすらと、以下のように答えます。

「九字の大事は、深秘《じんぴ》にして語り難きことなれども、疑念をはらさん、そのために、説き聞かせ申すべし。

それ、九字真言と言っぱ、臨・兵・闘・者・皆・陣・列・在・前の九字なり。

まさに切らんとなすときは、まず正しく立って、歯を叩くこと、三十六度《さんじゆうりくど》。次に、右の大指をもって、四縦を描き、のちに五横を書く。

そのとき、急急如律令《きゆうきゆうによりつりよう》と呪するときは、あらゆる五陰鬼《ごいんき》、煩悩鬼《ぼんのうき》、まった、悪魔、外道、死霊、生霊、たちどころに滅ぶること、霜に煮え湯を注ぐがごとし」

――この弁慶が語った方法は、今一般に、本などで見られる九字の切り方とは違っています。

お話の中だから変えているのか、それともどこかの流派のものなのかはわかりませんが、まるで嘘っぱちというわけではないでしょう。

弁慶はまず、「正しく立って、歯を叩くこと三十六度」と言います。

この「歯を叩く」は、前に記しました「叩歯」のことです。

カチカチと噛んで歯を鳴らす。それを三十六回やる。魔除けの作法ですね。

次に弁慶は「右の大指をもって」九字を書くと言います。大指は親指のことです。

先程、剣印を用いると言いましたが、弁慶は親指を使って、「四縦を描き、のちに五横を書く」と語ります。

通常の本などに記されている九字は、まず左から右に横線を引いて、次に左側の縦線を上から下に引いて、三番目に最初の横線の下にまた左から横線を引いて……を繰り返して九本引きます。

なのに『勧進帳』では、最初に親指で縦線を全部引いちゃえ、ってなってます。

面白いですね。そして多分、この作法でも使える人は使えるでしょう。

実は九字の形は四縦五横以外にも、沢山の種類があります。最初に四角い枠を描く方法もあるし、九画の漢字を書くものもある。呪文も臨・兵・闘・者……だけではなく、多くの種類が存在します。

ひとつひとつ印を結んで丁寧にやる場合は、もちろん空間に図は描けませんから、また別の理屈が必要になります。

印を結ぶときは防御の作用が強いですが、剣印で切るときは魔物そのものを剣で切る！という攻撃性が宿ります。なので、こちらは危険が伴う。

なぜなら、完全にバトルモードになりますので、相手のほうが強ければ、こっちが負けるからです。柵《さく》で抑えて逃げたほうが安全ですね。

いずれにせよ、九字を空間に描く場合も、大事なのはイメージ。視覚化です。指で撫《な》でた空間にきっちり、柵を作る。またはその空間を実際に剣で切ったような手応《てごた》えを感じることです。

そのため、柵や檻を作る場合は、適当にやって斜めにしたり、隙間だらけにしてはいけません。魔物が入ってきちゃいますよ。

イメージと言うとふんわりした感じがしますが、正確さが求められます。五芒星も同様です。五行のバランス良く、きれいな星を描いてください。

ちなみに私はやりません、不器用なので。


九字は、目と指と歯と声という肉体の呪力をとてもうまく用いてます。そして、視覚化という呪術の基礎も用いるという、総合的な、真剣にやるならば難度の高い呪術と言えるでしょう。

高度な術になればなるほど、扱いは慎重にしなければなりません。

また、九字の場合は、事を成したあとに解かねばなりません。

オン　キリキリ　ハラハラ　フタランバソス　ソワカ

これが解除の真言、呪文です。

柵を作ったままだと、見えないゴミがひっかかりますし、攻撃の九字なら誰かに干渉して禍を呼ぶ場合もあります。

なので、きっちり解いてください。

もっとも、素人がやった程度では、効果はたかが知れています。結界などは自然に消えてしまうでしょう。

しかしながら、そういったものを疎《おろそ》かに扱ったツケは術者が払うことになります。

甘く考えないほうがいいですよ。

第五章

文字のマジナイ

印鑑・御朱印

本章では、これまでのカテゴリーには入らなかったマジナイを、いくつかご紹介したいと思います。

主に、物を使ったマジナイです。

まずは身近にあるもののひとつ、印鑑の呪力《じゅりょく》をお話ししましょう。

今は印鑑廃止論も盛んですね。実際、デジタル化が進んでいる現在、必要ないシーンも多々あります。

私もサインで充分だろうと思っていますが、それでもまだ印鑑は使っていますし、公的な書類にはたびたび実印が必要になります。

実印とは何か。ネットに上がっている説明を繋《つな》ぎ合わせて説明します。

「住民登録をしている市区町村の役所に登録した、公的に認められたハンコのこと。自身の戸籍上の姓や名を彫刻したハンコを登録申請し、受理された印鑑。役所にハンコを登録することを印鑑登録といい、登録されたハンコを実印と呼ぶ。印鑑登録をすると、印鑑証明書を取ることができる。たとえ、実印のような形態をしていても登録をしていないものは実印ではない。言い換えれば、百円で買ったものでも実印登録をすれば、それが実印となる」

――そして何かのときには印鑑証明書をもって、書類に押された印影が実印であることを証明するのです。

さて。

印鑑、特に実印は個人や個人の意思を反映・証明するものです。

遊印や蔵書印など、本人と直接関係のないものは別にして、どうして、それがそんなにも大切なものになったのでしょう。

この話は、御朱印《ごしゆいん》とはなんなのかという話でもあります。

神社や寺院で、御朱印を頂く機会がありますよね。

最近はひとつの社寺でも、色々な種類を目にします。墨書きと朱の印のみならず、フルカラーに近いものもある。

それらを蒐集《しゆうしゆう》することがすっかり流行《はや》ってしまったため、参拝者とのトラブルもあり、レアな御朱印がネットオークションに出たりして、現状、物議を醸しています。

転売などを目にした神社は「御朱印はただのスタンプではない」と言いますが、その根拠はあるのでしょうか。

あるんです。

印鑑は今、百円ショップでも手軽に買えますが、もともとはすべて手彫りでした。

印材に彫られる名前は、実印ならば本名——真実の名前となります。

また、役職や地位が彫られた印もある。これら手彫りの印鑑は、基本的には世界に唯一無二のものです。

それらは当人の分身であり、霊性の高い「気」を帯びているとされてきました。

いわば、感染呪術のアイテムでもあるわけです。

自分の名前に相応《ふさわ》しい気の威力が、印と本人の間でシンクロする。それを文書などに押すことは、シンクロした気の威力を感染・転写することになります。

ゆえに、神社の名前などが彫られている御朱印は、その神社の気を帯びていることになるわけですね。

御朱印がただの記念スタンプではないことがご理解頂けると思います。

まあ、本人の気、ということなら、オカルト的には手書きのサインも同じです。でも、ハンコにすることで、書体や素材や形、大きさなどで、パワーが増幅されるのです。

天皇陛下がお使いになる印鑑に「御璽《ぎょじ》」というものがあります。

「御璽」は一辺約九センチメートル、三寸の金でできていて、重さは約四キログラム――多分、昔の一貫に相当すると思います。

これはひとりでは押せないので、二人掛かりで押します。詔書や法律など、国の重要文書に用いられます。

この御璽と同じサイズのものに「国璽《こくじ》」というものがあります。こちらは戦後はあまり使用されませんが、国としてのハンコです。

国宝になっている「漢委奴国王印《かんのわのなのこくおういん》」というものもありますね。純金製の王印（金印）で、国璽ほどの大きさはないですが、これも多分、国としての印鑑でしょう。

つまり、これらの印鑑には、天皇や国そのもののパワーが素材、形、大きさ、重さ、そして書体で増幅されて、その力が約束されていると見做《みな》されるのです。

「法印《ほういん》」「神印《しんいん》」「符印《ふいん》」というものもあります。

「法印」「神印」には主に神仏の名が刻まれ、「符印」には霊符が刻まれています。

符印はときどき骨董《こっとう》店などでも見かけます。道教で用いられることが多いので、売られているもののほとんどは中国のものです。

素材は玉《ぎょく》（翡翠《ひすい》）や銅が多い。

翡翠はパワーストーンとしても有名ですが、銅は神霊的なパワーを増幅する素材とされています。祭祀《さいし》用の鏡や剣が銅で作られたのも、同じ理由です。

銅製の符印で大きなものは、銅鏡と似ています。表に符、裏の紐《ちゅう》のある側には、龍《りゅう》をはじめとした吉祥柄のレリーフがあるものも多いです。

また、立方体の面にいくつもの符を彫ったものもあります。

符印に彫られる文字や形は神仏由来のものなので、こういったハンコには沢山の神仏の力が宿っていると見做されます。

ゆえに、印を携帯するだけでお守りになり、魑魅魍魎《ちみもうりょう》の悪さを避けるとされてきました。もちろん、携帯のみならず、紙に押した印影にも力があります。

真っ直ぐ……斜めに押したりせず、紙に真っ直ぐに押した印影を所持していると、魔は退くと言われます。逆さまに押せば、魔物は入ってくる。

また、虎などの獣の足跡に印を押すと、獣は退く。あるいは呼び寄せることもできるとされています。

印鑑の力は強いのですよ。

なので、部下が上司より印を傾けて押す、頭を下げる形で押すという、最近出てきた謎のマナーは、絶対にしてはいけません。

模造 金印 漢委奴国王（東京国立博物館所蔵）出典：ColBase (https://colbase.nich.go.jp)

部下の運、下がりますよ。そうなれば、結果的に会社の運も下がります。

もし強要されたら、会社を傾ける気かと抵抗してください。

印鑑を押す朱肉にも力があります。

普及しているものは、スポンジに油性インクを染み込ませたものが主ですが、本来は、辰砂《しんしゃ》という鉱物を用います。

辰砂は魔除《まよ》けとして使われる代表的な鉱物です。古墳などにも、死者に魔物がちょっかいを出さないように使われています。また、不老不死の仙薬ともされました。

成分は水銀なので、服用すれば毒となるのですが、過去には一般の高級薬にも配合されていた物です。

本来の朱肉は、その辰砂を練って作られています。

辰砂にヒマシ油や松脂《まつやに》、艾《もぐさ》などを混ぜ、練り合わせて粘りを出したものが本物ですね。辰砂は褪色《たいしょく》しないので、これでできた朱肉は公文書などに用いられました。

今でも、専門店などで購入できます。

そんな霊力のある朱肉を使って、神仏の名を彫った印を押すのが御朱印です。

御朱印は印の上に記された文字に意識がいきがちですが、本来は名の通り、印影が主です。なので、印の押していないものは、社寺で頒布していても御朱印とは言えません。少し注意してみてください。

印鑑の素材にも、意味があります。

先程ご紹介した金・銅・玉のほか、道教では桃の木が多く使われました。その他、赤い川柳《かわやなぎ》である「檉《てい》」、また、棗《なつめ》も同様に霊験あらたかとされました。

特に、雷に打たれた棗「雷震棗木《らいしんそうぼく》」「霹靂棗木《へきれきそうぼく》」は力が強いとされました。

雷震棗木は、陰陽師《おんみょうじ》が占いに用いる式盤《しきばん》の素材でもありましたね。

日本においては柘植《つげ》の木で作ったハンコが良いとされています。柘植は陰陽でいうなら、とても陽気の強い木です。

まとめますと、印影・朱肉・素材すべてで、神仏の加護や自身の力を増幅するのが印鑑なのです。

もしかすると、近い将来、印鑑は我々の身の回りから消えていくかもしれません。
でも、これだけの力があるということは、憶《おぼ》えておいて頂きたいと思います。

お札・呪符・霊符

印鑑の節では、印を押した紙にも力が宿ると言いました。その中、「符印」というものについて話しましたが、その形や文字のもともとは呪符や霊符に記されたものです。

お札や護符の多くは、寺社で頒布《はんぷ》されています。様々なご利益のものがあり、我々はそれを身につけたり神棚や仏壇に祀《まつ》ったりして、加護を期待するわけです。

これらは主に印刷されたものとなりますが、専門業者が作り、神前仏前でプロが祈禱《きとう》しているもの――そのはずのものです。

特殊な扱いをするものもありますので、その辺りは頒布している寺社で伺ってください。どんなものでも大切に扱うことは同じです。

護符・呪符は、洋の東西を問わずに使う言葉ですが、霊符（正確には符令）は主に道教で用いられます。

最近は陰陽道ブームの影響で、道教系の霊符を印刷したお札やグッズが売られています。オリジナルの符もあるようなので、厳密な意味で、陰陽道の符と言っていいのか、わからないものも多いのですが、史料に載る陰陽道の呪符は数が少なく、用途も限られてます。そのためか、陰陽道の元である道教系のものが多い印象です。販売されている品々の力の有無はわかりません。でも霊符であることに間違いはないでしょう。

自分で符を書きたい人もいますよね。

ときどき、私なんぞにも「お札の書き方を教えてください」なんて言ってくる人がいます。面と向かって言われたときは一〇〇パーセント断りますが、気持ちはわからないでもありません。

江戸《えど》時代以降、巷《ちまた》に出回った呪符の種類は、薬の処方のように細かいものです。疫病除《よ》けはもちろんのこと、病気なら頭痛や歯痛、魚の目まで。その他、金運、訴訟、失《う》せ物《もの》捜し、縁結び、浮気封じ、泥棒除け、呪《のろ》い返し、屋根に上がった犬を下ろす符――などというものもあります。犬を下ろすなら、まずハシゴだろうと思うのですが、当時、犬が屋根に上がるのは不吉であるとされたため、こういう呪符ができたのです。

出所のわからない呪符もよく見かけます。

言霊《ことだま》のところでもお話ししたように、それらにはアレンジされたもの、または写し間違いなども含まれます。

ひとつひとつの真偽はともかく、符が謳《うた》う効力は大きなものから些細《ささい》な私事まで、本当に多岐に亘《わた》ります。その中で、どうしてもピンポイントで叶《かな》えたい願いがあったなら、自作するのもひとつの手でしょう。

多い数ではないですが、現在でも呪符関係の本は出ています。

そういった本に載るものから、目的に合ったものを選んで書くわけですが、記すには記すための作法があります。

完全に術法として行うためには、まず紙や筆、硯《すずり》、墨、水などの道具を清めます。

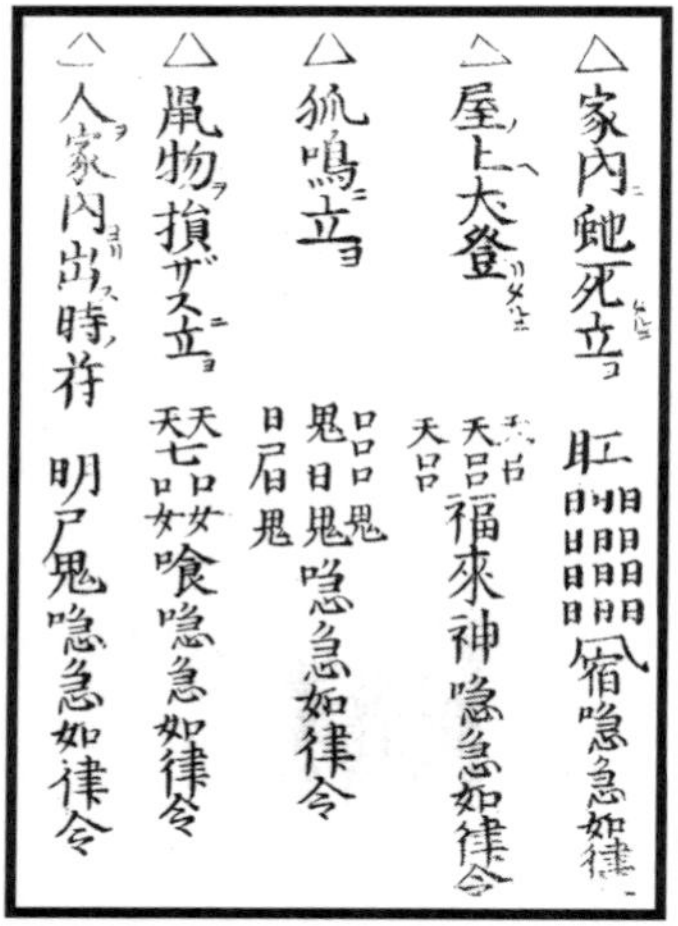

日本の呪符　出典：『邪兇咒禁法則』（八幡書店）

洗うわけではありません。たとえば、紙なら「北帝勅吾紙書符打邪鬼うんぬん……急急如律令」などの呪文を唱えるのです。

それ以前に、日を選んで紙を何十枚、筆を何本などと用意して、印を結んで、香を焚《た》いて、かれこれのように呼吸して何十日間行う……とあるのですが、これはまず特別な祭壇を造るところから始ま

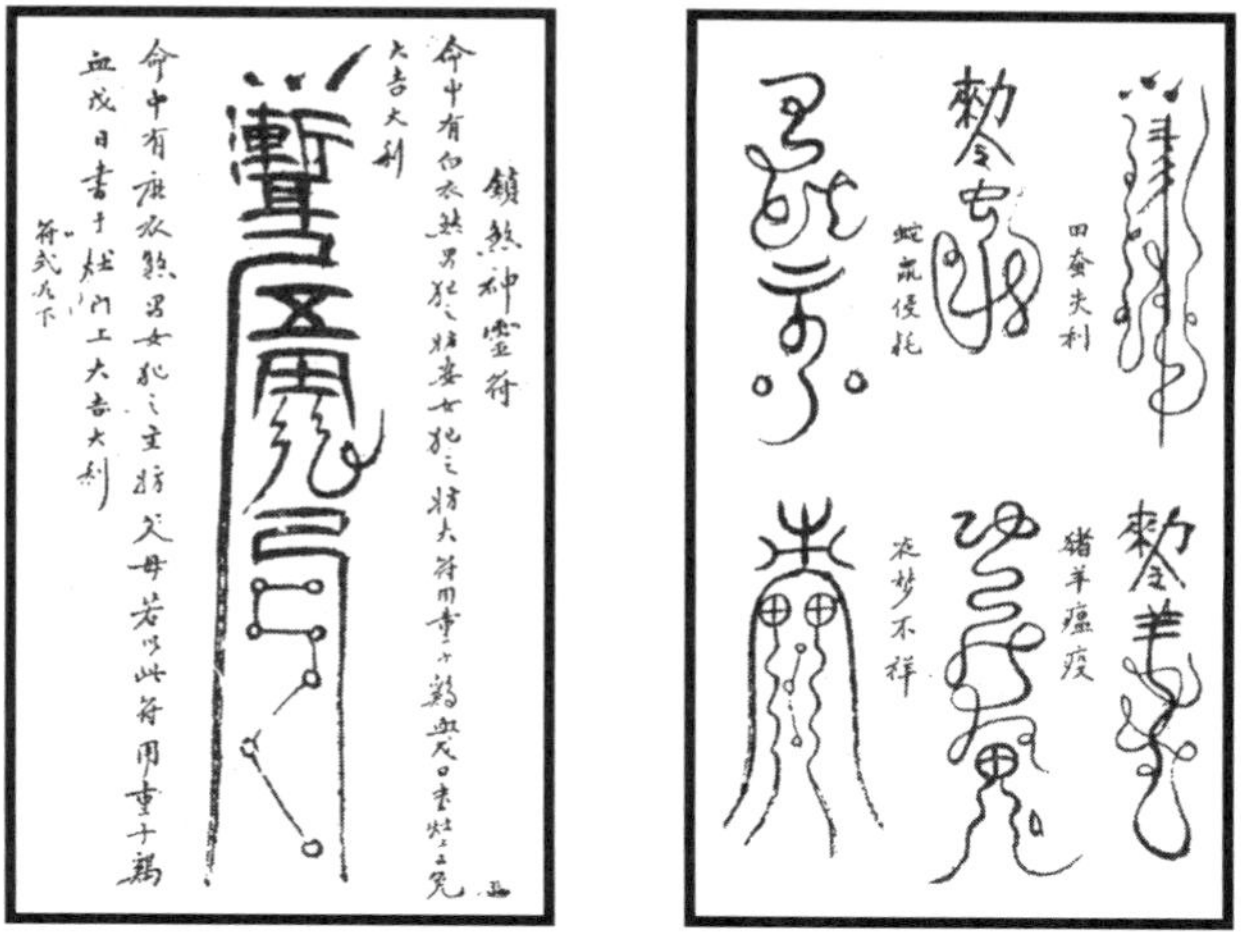

道教の霊符（私家版）

ります。

紙の色、墨の色も記す符によって違います。そして最後にして一番の難関は仏教で「開眼」、神道で「御《み》霊《たま》入れ」、道教で「開光」と呼ばれる術法ですね。素人がちょちょっとやってできるものではないので、まあ、無理です。

私自身、知識が追いつかないので、具体的方法は記しません。また、たとえ方法を記しても、面倒臭い割に、素人では効果は期待できないでしょう。

霊符はただのインテリアやアクセサリーではありません。当然、そこには超常的な力が宿る……宿ることが前提です。

そのために必要なのは「伝授」です。

こういった本格呪術的なものはまず、すべての大前提として、師から伝授されることが条件となります。そうしないと効力が出ない。

そしてもし、師が間違えていたとしても伝授されたものこそが正解である、という、不思議な理屈が呪術世界では常識となっているんですね。

これ、占有権を得たいがための屁理屈《へりくつ》じゃないんですよ。どういうわけか、伝授されないと力が宿らない。

私が素人にできるマジナイにこだわるのも、理由はそこにあります。

専門性を帯びるほど、一般人が本を読んだりしただけでは、なんの力も宿らない。また歪《ゆが》んだものになってしまって、かえって危険を呼び込みます。これが、個人の能力や資質が中心となる霊能との大きな違いです。

納得できない人もいるでしょうが、呪術とは、連綿と続いてきた歴史の中で育《はぐく》まれてきた、超常的存在との交流録のようなものでもあります。

師の紹介があって初めて、師の術のバックにいる存在にアクセスできる。そういうものです。

まあ、中には己の能力ひとつ、力業でナニカを引き寄せられる人もいるでしょう。

しかし、それでも霊符は難しい。

なぜなら、世間に出ているほとんどの霊符には、書き順が記されていないからです。

これは痛い。

霊符は文字・文様はもちろん、書き順にも正確さが求められます。

実際の霊符の書き方を見ますと、同じ線の上を再度なぞったり、下から上に撥《は》ね上げたり、黒い円の上に呪字を重ねる、または記した文字を上から塗りつぶすなどしています。

呪文を唱えるものもあれば、片手で印を結びながら書く符もある。

だから、できあがったものだけを見て、真似をしてもダメなんです。結局は、本を買う程度の素人に、大事なところは教えないということでしょう。

残念ながら、プロには敵《かな》わない。気合いでどうにかなるものではありません。

まあ、身も蓋《ふた》もないですが、私が言いたかったのは、きちんとした霊符は半端な知識や方法では作れないよ、ということです。

しかしながら、過去、日本には一般向けに出版された呪符・霊符の本が沢山ありました。先程も記しましたが、それらの中身は本当に細かく、人の悩みや欲のすべてを網羅して、対応するほどの種類がありました。

江戸時代の「大雑書《おおざつしょ》」は、暦を中心に天文、占い、マジナイを日用的な知識として紹介、刊行したものです。まさに雑多な内容ですが、占いとマジナイに多くのページが割かれ、陰陽道書の一種とも言えます。

『邪兇咒禁法則《じゃきょうじゅごんほっそく》』『新撰《しんせん》　咒詛調法記《じゅそちょうほうき》大全《たいぜん》』など、呪符やマジナイに特化した本も出版されました。

こういうものが流通していたということは、これを頼みにして符を書いた人も沢山いたということでしょう。そういった歴史や、人の気持ちを否定することはできません。

「大雑書」に載っている呪符の特徴は、細かい規定がほぼないことです。一般の人が本を見て写すのですから、当然と言えば当然ですね。

気にすべきは、日取りの吉凶くらいで、ある意味、すごく優しい。易しいではなく優しいんです。なので、その優しさを頼みにして、民間に伝わる霊符を書くことに咎《とが》めはないでしょう。

ひとつだけ、誰にでも書けるお札を紹介したいと思います。

立春大吉

一年の厄除けとなるお札です。

立春の日に、この文字を白い紙に縦に書き、玄関の外に貼るのです。

社寺などで頒布しているものもあります。

「立春大吉」は四文字すべてが左右対称で、表から見ても裏から見ても同じ、鏡に映しても同じに見えます。

なので、万が一、厄が家に入ってきても、これを見た疫鬼は家の中にいるのか外にいるのかわからなくなり、結果、出て行ってしまうと言われています。

単純な文字ですが、力があります。

一年の無事を願いましょう。

清め包み

最後に「清め包み」の方法を紹介します。

紙を折って作る符を「折符《おりふ》」と言います。

用途によって様々な形がありますが、その中、お守りを包むための折符に「清め包み」というものがあります。

「清め包み」は社寺で頂いたお札を包んだり、私製の符を包むだけではなく、塩などを包んでもいいです。

また、子供が「お守りにして」とくれたものとか、ぞんざいに扱いたくないもの、不浄に触れさせたくないものを包んでください。

折り方は数種類ありますが、お札なども入れやすい形をお伝えします。

まず、包みたい物に見合う大きさの和紙を用意してください。

半紙でも、懐紙でも構いません。

作り方は図を参考にしてください。

清め包み図解

①紙を横長か縦長において、右から左に二つ折りにします。縦横は包む物によって考えてください。

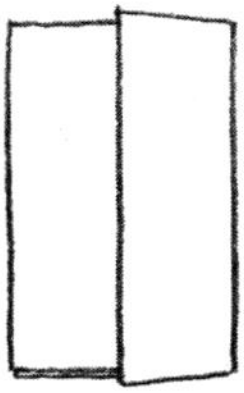

②折ったほうをまた、1/3ほど縦長に折ります。心持ち1/3より少なめの方がきれいにできます。

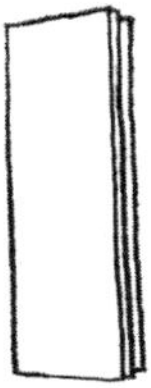

③今折ったところの反対側を折り重ね、筒状の形を作ります。

④上に重ねた紙を二枚一緒に、端から1/3ほど折り返します。折った部分が中心に来て、三等分に見えるように折ります。

⑤ひっくり返して、端が少し重なるように上下を折って完成です。

⑥完成形

簡易な祝儀袋という感じですね。

その中にお守りなどを入れます。

塩や砂のような、零《こぼ》れやすいものを入れる場合は、上下の口がはまるようにすると安心です。

私は自分が怪談会などをするときは、清め包みに入れた塩を参加者に配っています。

そのときは懐紙を使います。

お渡しするときは、一応、ポリの小袋に入れるのですが、怪談会の途中で寄ってくるようなモノを避けるためには、塩に呼吸をさせる――外気に触れさせないとダメなんです。

なので、「息」のできる和紙で包みを作ります。

そして、現場でのお守りにして頂く際は、ポリ袋の口を開けるか、包みを外に出してもらいます。

お守りとして所持した塩は、家に帰ったら、流水に流します。包みは捨てて構いません。

また、ポリ袋から出さず、外気に触れさせずに持って帰った場合、その塩はお祓《はら》いとして、玄関で撒《ま》いてもいいです。

塩はお葬式の帰りにも、清め塩として頂きますね。やり方はそのときと同じ。左・右・左の順で、肩に前から後ろへ掛けてください。一般的なお祓い方法です。

塩を地面に撒いて、両足で踏んで入る方法もあります。

もう少し丁寧にする場合は、まず家の戸口に立って、ドアを背にします。そして、両手でバタバタと音を立てて、体の頭・首・胸・背中から、腰・足を叩《たた》く。ちょうど埃《ほこり》や塵《ちり》を叩《はた》き落とすようにです。次に、体を拭《ふ》くように、手で頭から足の順番で撫《な》でて、最後に両腕、両手を拭《ぬぐ》う。その後、塩を踏んで家に入ります。

終わりに

――ということで、てるてる坊主から印鑑まで、日常のどんなところにも呪術は潜んでいますし、あらゆるものはマジナイに通じる、ということが、少しわかっていただけたのではないかと思います。

人間の願いや欲のすべて、大きなものから日々の些細なものまでを反映し、それらの願いを叶えるために作られて、伝わってきたのがマジナイです。

そのため、呪術には膨大な種類と数があり、どれだけ時間を割いても語り尽くせないし、書き切れません。

そして、その気にさえなれば、今この瞬間から、日常そのものを魔術的な世界に変えることができるのです。

意識してみてください。

意識ひとつで、世の中は少し面白くなるかも知れません。

あとがき

本書は二〇二一年～二二年にかけて開講された、NHK文化センターのオンライン講座「加門七海が語る！　知られざる呪術の世界」及び「加門七海が伝える！　風水とまじないの話」を書籍用に再構成したものです。

風水については、図版を多用しないと話ができないために割愛し、その分、呪術《じゅじゅつ》とマジナイについて厚くしました。また、講座の雰囲気を残すため、すべて話し言葉で記しています。

マジナイや呪術関係については、既に何冊か世に出しています。なので、あんまり語ることもないだろうと思っていたのですが……いや、本当に奥が深い。

改めて調べるたびに、新たな出会いと発見があるのが、この世界です。

呪術は超自然の神秘的な奥義とされ、太古から世界中に存在してきました。それらの背景には、風土・民族性・宗教・死生観・生活、そしてそれぞれの歴史があります。

その中で、人間が望んできたことと疎んできたことのすべてが、呪術には反映されています。

特定の宗教や宗派を離れて大衆に広がったマジナイは、民間宗教者の仲介を経ながら、膨大な数に膨らみました。様々な術における解釈も百家争鳴の有様です。

この方法もある、あのパターンもある、あの宗派ではこうだ……と並べると、まったくきりがありません。

手印ひとつとっても、何百種類も存在する中、仏教・修験道《しゆげんどう》・陰陽道《おんみようどう》・道教では、用い方や理屈が異なるのです。

今回はなるべく汎用性の高いように、そしてできうる限り間違いのないように努めましたが、それでも私論にしかならなかったかもしれません。

どんなものでもそうですが、結局、人は自分の手の届く範囲でしか、物事を理解できないのですよね。至らないところについては、お詫《わ》び申し上げるほかありません。

本来、呪術として語るなら、指を組むだけでなぜ「世界」が動くのか、というところから話を始めなければならないでしょう。しかし、そういった形而上《けいじじよう》的な問題にも、踏み込む余裕がありませんでした。

マジナイという、巨大で複雑な織りと文様の絨毯《じゆうたん》の中に、取り紛れている些細なモチーフ、その中で用いられたいくつかの色。それが記せていれば幸いです。

ちなみに人を害するノロイについては、ほとんど記しておりません。

もちろん、インスタント呪詛《じゅそ》も存在します。けれど、そういうことを記して、万が一、誰かが実行に移してしまうと、こちら――私に負債が生じます。

最初に記したごとく、幽霊も神仏も存在すると考えるのが、私のスタンスです。

ノロイを教えたことによる業は背負いたくありません。

責任と覚悟。

本気になればなるほどに、呪術にはそれらが重くのしかかるのです。

呪術は「行為の概念であるばかりでなく、認識の形式であり、文化現象でもある。」

『中国の巫術―その原理から祭り・鬼祓い・招魂・シャーマニズム等まで』(張紫晨著　伊藤清司／堀田洋子訳　學生社)

呪術の世界は果てしなく広い。

この大海を泳ぎ切る日は、多分、一生来ないでしょう。


最後になりましたが、過去にオンライン講座を受講してくださった皆様。書籍にまとめることをご快諾くださいました、ＮＨＫ文化センター名古屋教室の石川さま。また、KADOKAWAの担当編集者白鳥さま、阿部結さまはじめ、本書を世に出してくださいました皆様。
本当にありがとうございます。
そして、この本を手に取ってくださいました皆様にも、改めてお礼申し上げます。
どうぞ、豊かで楽しい呪術ライフをお送りください。

二〇二四年三月吉日

加門七海

本書は、ＮＨＫ文化センターが二〇二一年～二二年にかけてオンライン配信にて開催した講座「加門七海が語る！　知られざる呪術の世界」及び「加門七海が伝える！　風水とまじないの話」の内容を書籍用に再構成したものです。

装丁　原田郁麻
装画　阿部結

加門七海（かもん　ななみ）
東京都墨田区生まれ。美術館学芸員を経て、1992年『人丸調伏令』で作家デビュー。著作に、『うわさの神仏』『猫怪々』『霊能動物館』『怪談徒然草』『お祓い日和』『お咒い日和』『鍛える聖地』『怪談を書く怪談』『大江戸魔方陣』『神を創った男 大江匡房』など多数。

呪術講座《じゅじゅつこうざ》　入門編《にゅうもんへん》

2024年３月１日　初版発行
2024年10月25日　４版発行

著者／加門七海《かもんななみ》

発行者／山下直久

発行／株式会社KADOKAWA
〒102-8177　東京都千代田区富士見2-13-3
電話　0570-002-301（ナビダイヤル）

印刷所／旭印刷株式会社

製本所／本間製本株式会社

●お問い合わせ
https://www.kadokawa.co.jp/（「お問い合わせ」へお進みください）
※内容によっては、お答えできない場合があります。
※サポートは日本国内のみとさせていただきます。
※Japanese text only

定価はカバーに表示してあります。

ISBN 978-4-04-113838-0　C0095
JASRAC 出 2400400-404